U0115971

婦女何在？

——三江併流諸峽谷區的性別政治

下冊

何國強　主編・王天玉　著

目次

下冊

第四章
「骯髒」的婦女：身體認識中的陰陽之別與污潔之異

　　存在於特定社會與文化中的身體觀念確定了人們認識男女兩性的基本準則。瑪麗・道格拉斯將人的身體視為整個社會的隱喻，強調了身體作為承載社會意義的象徵系統的重要性，認為身體是一種可以表示任何具有界線的體系的模型。同時，身體還是一個複雜的結構，不同部位的功能及彼此之間的關係為其它複雜結構提供了象徵性的來源。[1]

第一節　差異之源：創世傳說中的男女兩性角色

　　很多人類學家認為，性別二元論首先根植於身體的差異，然後意識形態利用了這種體現男性占絕對優勢的二分法，將其推廣到生活的各個領域和知識的各個部門。[2]這種自然主義的身體觀往往將男性的身體視為規範／標準／正常，而女性的身體因有異於這種標準，因而是偏離常態和低下的。女性的身體是「麻煩」的，並且因此成為危險

1　參見〔英〕瑪麗・道格拉斯著，黃劍波、盧忱、柳博贇譯：《潔淨與危險》（北京市：民族出版社，2008年），頁143。

2　參見〔法〕伊・巴丹特爾著，陳伏保、王論躍、陽尚洪譯：《男女論・前言》（上海市：湖南文藝出版社，1988年），頁9。

的「他者」，在父權制的社會中遭到歧視和扭曲。[3]正如布林迪厄所言：

> 生殖器官之間的對立體現在神話—儀式的一系列對立中⋯⋯借
> 助一種原始神話，使兩性在性別勞動分工中被分配的位置合法
> 化，並通過生產和生殖的性別分工，使兩性在一切社會秩序
> 中，並進而在宇宙秩序中被分配的位置合法化。[4]

一　獼猴與羅剎女的後代：藏族

在藏族傳說中，藏族聚居區原是一片魔女（羅剎女）盤踞的大
地，至於藏族群眾，乃是獼猴和羅剎女結合繁衍的後代。據說文成公
主入藏以後，精通天文術數的她受邀為拉薩城（當時稱為邏些）測看
風水。文成公主認為，藏地的地形呈現魔女仰臥之狀。為鎮壓魔女，
遵照她的「指點」，吐蕃王朝在魔女身體各個關鍵部位所對應的地方修
建了數座寺廟，以使人民免遭惡魔侵擾、安居樂業。文成公主降魔的
故事深刻地反映了藏族社會對待女性的態度，而藏族群眾篤信的佛教
經典中也講述了女性與生俱來的精神缺陷──不斷地受到欺騙、感情
易變、不可靠、遲鈍、呆滯、虛偽、喜淫欲、低智慧及缺乏信心，同
時還告誡世間的男性，「在物質世界裏，再沒有比妻子更壞的人」。[5]

在藏族傳說中，女性被認為是女妖的後代，是邪惡的化身，代表
著凶煞、暴躁等不良品性。女人發出的黑巫術特別靈驗。女性有鬼怪

3　參見〔英〕克里斯・希林著，李康譯：《身體與社會理論》（北京市：北京大學出版
社，2010年），頁40-61。

4　〔法〕皮埃爾・布林迪厄著，劉暉譯：《男性統治》（深圳市：海天出版社，2002
年），頁20。

5　參見〔印〕群沛・諾爾布著，向紅笳譯：〈西藏的民俗文化〉，見王堯：《國外藏學
研究譯文集》（第九輯）（拉薩市：西藏人民出版社，1992年），頁255-335。

附體，如果在夜裏大喊大叫會招來妖魔使人蒙受災禍，因此非常不吉利。在藏文中，「婦女」與「下層人」是同一個詞。這種魔女觀念的形成在很大程度上影響了人們對女性的看法，並使女性群體自身形成了低人一等的主觀認識。女性在藏族群眾起源傳說中所扮演的角色反映了她們在當地文化中所處的地位：傳說中的羅剎女和獼猴雖然都為千手觀音所化，但兩者的性情大相徑庭，源於猿猴的父種表現為聰慧敏捷、小心謹慎，而源於羅剎女的母種是專嗜惡業、秉性頑劣。藏族群眾喜歡歌頌母親，是因為她具有生育後代的能力，同時使得其後代可以傳承父親的「神性」。但同時，包括所有母親在內的女性群體從未因此擺脫「羅剎女」身上妖媚與貪婪的「原罪」。因此，在藏族群眾（以男性為主要群體）眼中，女性成為一種矛盾的複合體。

「女人麼就是要髒點」這種觀點是大多數藏族女性對自我的認識。因為髒，所以在生活中就需要不斷地進行淨化，並遵守各種禁忌，否則將會給男性和整個家庭帶來不利影響，其後果也將影響到女性自身。遵照這種邏輯，女性不斷重複並強化著這種認識和行為，社會也按照這樣的邏輯不斷延續著性別運作的模式，即女子不能隨便進入許多社交場合，如射箭、看望危重病人等，也不能殺雞、羊、豬等牲畜，男子隨身攜帶的護身符、刀等物品也忌諱婦女觸摸。

二 人祖與天女的後代：納西族

納西族東巴經《創世紀》中敘述了人類產生的過程，即人祖崇忍利恩和天女襯紅褒白命成婚，生下 3 個兒子，分別成為藏族、納西族和白族的祖先。在這則傳說中，女性祖先是神性的代表，納西族因此重視對母系祖先和女性神靈的祭祀，其民間最大的節日「祭天」所祭祀的即是神話中的納西女始祖襯紅褒白命的父母親——天神子勞阿普

和地神襯恒阿仔夫婦。而在其民族的創世史詩《崇般圖》中，納西男始祖崇忍利恩正是在女始祖襯紅褒白命的幫助下才戰勝了天神的種種刁難，可以說，沒有女始祖就沒有納西族後代。納西族崇拜很多女神，關於女神的神話不勝枚舉。例如，刀、鋤、犁等生產工具是由女神發明的，五穀六畜也是由女神從天上帶到人間的，女神教會人們種植穀物、馴養牲畜、獲取火種等，占卜使用的 360 種卜書也是女神賜給人間的。此外，納西神話中還有不少勇猛的女英雄。

納西族女性在其社會宗教生活中也扮演著重要的角色。在東巴經文中，納西族最早的巫師「帕」是由女性擔任的，她們在部落戰爭中不僅發揮著溝通人神的媒介作用，同時也充當參謀和軍師。

人的再生產是關係到種族延續和氏族、宗族、家庭繼嗣的要事，也是社會生產生活中舉足輕重的一面。在納西族社會中，東巴教的影響也突出地體現在人的繁衍這一重大事務中。求子多育，要請東巴舉行各種儀式。例如，祭祀掌男性生育力的生殖神「夥」，掌交合、懷孕與傳子之神「自」，生育神「仁」，等等。在長期以來處於父系制社會的麗江納西族中，人們為求父系血統繼嗣綿延不絕，舉行祭絕後鬼的儀式。而仍處於母系制的永寧納西族社會，則多祭祀與生育女孩密切相關的女神「巴丁拉木」、「干木」及專司生育的女神「那蹄」，以多女為福，企盼神靈庇祐多生女孩，以延續母系家庭血緣。在特定歷史條件下產生的多生多育觀念，使納西族人極度畏懼不育和人丁減少。因此，凡有不育和小孩夭亡等災禍的人家，都要請東巴或達巴舉行鎮壓或安撫各種破壞侵擾人的生育活動的鬼的儀式，如替拉鬼、亞格鬼、斷足趾男鬼「我盤木都」和其瞎眼鬼妻「我美繆木」、會堵塞男女生殖之路的穢鬼等。[6]

---

6 參見楊福泉：《多元文化與納西社會》（昆明市：雲南人民出版社，1998年），頁19-
    20。

三 女祖茂英充的後代：怒族

怒族的怒蘇支系流傳著女性祖先茂英充的故事傳說：

> 在很久以前，天上飛來一群蜜蜂，歇在怒江邊的臘甲底村。後
> 來，一隻蜜蜂與蛇結為夫妻，生下了一個女孩，她的名字叫
> 「茂英充」，「茂」意為天，「充」意為人，合起來即為「從天
> 而降生的人」。茂英充長大以後，又跟老虎、蜂、蛇、鹿子、
> 馬鹿等結為夫妻，生下的後代發展到今天，分別形成了怒蘇的
> 蜂氏族、虎氏族、蛇氏族、鹿子氏族、馬鹿氏族……[7]

除了具有神聖崇高地位的女始祖茂英充外，怒族還將一位女
神——仙女阿茸視為心目中的英雄，視其為智慧女神。每年農曆三月
十五的仙女節時，男女老少都要穿上節日盛裝，帶上準備好的祭祀用
品和野炊食品，手捧鮮花，前往村寨附近的溶洞祭祀，並舉行聚餐和
各種娛樂活動。傳說：

> 很久以前，有一位名叫阿茸的怒族少女，她聰慧美麗，看見蜘
> 蛛結網，發明了編織麻布；看見小鳥站在木片上過江，發明了
> 獨木舟；……她因此芳名遠播，引起許多小夥子的傾慕和追
> 求，可是這些小夥子都覺得自己無法和這位聰明過人的美麗少
> 女匹配，羞於開口。而就在這時，有個殘暴的頭人卻仗著人多
> 勢眾，要用暴力搶親，強迫阿茸嫁給他。阿茸因抗婚而逃進神

---

7 何叔濤：《雲南民族女性文化叢書・怒族——復蘇了的神話》（昆明市：雲南教育出
版社，1995年），頁2。

山裏的溶洞。惱羞成怒的頭人放火燒山，大火燃燒了九天九夜之後，阿茸的身軀化成了洞中的鐘乳石，靈魂就此變成了岩神，而在溶洞周圍則開滿了美麗的杜鵑花……[8]

此外，怒族民間還有狩獵女神的傳說，講述了一位本領高強的女性通過聯姻將其所掌握的狩獵、紡織和飼養家禽等技能傳授給人類的故事。[9]這些怒族早期傳說中對女性的崇拜體現了女性在當時生產生活中的重要地位，與父權制形成後社會對女性的偏見和誤解形成了鮮明的反差。

四　男女先祖的後代：獨龍族

在獨龍族的傳說《創世紀》中，男性和女性是同時產生的。據說：

很早以前，地上還沒有人，住在「木代」（傳說中的天上某處）山上的「格蒙」（天上最大的鬼）曾在石板上用泥巴揉出兩個泥人來，一個揉得透些，成為男人；一個揉得不怎麼透，下身有些裂開，成為女人。格蒙把這兩個泥巴人放在石板上，對他們吹了三次氣，兩個泥巴人就有了呼吸和生命，從此地上有了人。人慢慢地發展了起來。[10]

8　何叔濤：《雲南民族女性文化叢書‧怒族——復蘇了的神話》（昆明市：雲南教育出版社，1995年），頁3。

9　同上，頁4。

10　蔡家麒：《藏彝走廊中的獨龍族社會歷史考察》（北京市：民族出版社，2008年），頁35。

　　獨龍族人的嬰兒長到 1 歲左右，為祈求「南木」保祐嬰兒的「卜拉」無恙，父母要請「南木薩」為嬰兒做「卜拉魯」儀式。「南木薩」先搖鈴、擊鼓和熏煙，叫來自己的「南木」。孩子的父母把作為祭品的酒、小米、獸肉或蕎面粑粑等食物每樣取一些放在簸箕裏，四周插上掛著各色紙條的小樹枝（「拉達爾」），很鄭重地端給「南木薩」；巫師接過，在孩子的頭上繞幾圈，再高舉起托給他的「南木」，同時不斷地祈禱說：「今天我們搞『卜拉魯』，這些東西歸你們了，你們抬去天上，讓這個娃娃平平安安地長大吧！娃娃的『卜拉』是『格蒙』給的，他的『卜拉』現在又小又嫩，你們不要傷害他，別的『南木』和『卜拉』也不要隨便來。讓娃娃的身子長得像大樹一樣粗，他的『卜拉』像石頭一樣的硬吧！」[11]

　　傳說的傳承是動態的，不同民族保留至今的創世傳說中反映了其族群不斷變化的性別權利與政治史。上述 4 個民族的創世傳說體現了人們對男女兩性身體及其象徵權利的基本認識，也體現了不同民族對待女性的基本態度。從傳說中體現的內容來看，儘管父權制已經得到普遍的確立，但納西族和怒族仍具有較強的母系認識，女性在其早期社會中具有較高的地位，在兩族社會的血緣觀與繼嗣制度中保留下來的母系遺存也印證了婦女早期擁有的權利及其對社會所產生的持續影響；獨龍族的傳說體現了男女兩性早期基本平等的地位；藏族的起源傳說則帶有較為明顯的宗教色彩，這則傳說中對羅剎女和獼猴的認識與後來宗教權利在其社會中所佔據的統治地位不無關聯。

---

11 同上，頁162。

第二節 陰陽之術：性、生育及其控制中的社會性別權利

「男女有別」觀念體現了人們對男女兩性身體的基本認識，兩性身體從誕生的那一刻起就注定了他們不同的生長、發育與消亡過程。污穢與潔淨是人們對待身體的一種基本觀念。這種觀念投射到兩性存在生理差異的身體之上，便轉化為一種固定的象徵──假如不進行潔淨與控制，女性的污穢之軀勢必將對男性甚至整個社會造成不利的影響。

一 出生與發育

藏族人認為，由於女性身體自身的污穢性，生產成為一件不潔的事情，新生兒從娘胎裏出來，就裹挾了極重的晦氣和污穢，因此對剛生育的嬰兒與產婦必須舉行專門的潔淨洗禮儀式──「旁色」，祛除這種不潔，孩子才能健康長大。據說，「旁色」源於 1,000 多年前苯教的一種祭神儀式，「旁」意為污濁，「色」意為祛除，這個儀式意在去掉污穢，以保證全家人的平安與健康。孩子出生後，新生兒的家人便會在家門口堆上石子，一般情況下生男孩堆白色石子，生女孩則隨便堆任何顏色的石子都可以。孩子出生 3 天（女孩一般是 4 天）以後，親友們帶著糌粑、青稞酒、酥油、磚茶以及孩子的衣服、鞋帽等物品前來祝賀。家人便在堆好的石堆旁邊點上一堆松柏枝的桑煙，前來祝賀的人都會在香堆上撒上糌粑面和青稞酒後才能進門。這個儀式也具有淨化污穢的作用。

經過「旁色」儀式的洗禮，新生兒祛除了從娘胎裏帶來的污穢與不潔；隨著年齡的增長和身體的發育，新的污穢又會產生，但這種新

產生的污穢主要集中到了女性的身體上。對於同樣存在於男性身上的青春期發育，人們則有不同的看法。一位年長的婦女說：

> 男娃娃些麼不咋個（沒什麼），不像女娃娃，來了月經麼髒得很。[12]

獨龍族的孩子生下來之後，男嬰滿 6 天便可洗澡、女嬰則要 7 天才能洗澡換穿新衣服。嬰兒由家族長或父母取名，取名的時間為男孩滿 7 天、女孩滿 9 天。

女性身體發育的重要信號之一是月經來潮，這標誌著女性的生理成熟。藏族女性初潮的時間一般不太固定，存在著較大的個體差異。根據當地醫生的介紹以及筆者的訪談，大部分女孩初潮的時間在 14 至 16 歲之間，也有更晚的情況。但遲到的經期對女性的生育期限並沒有產生較大的影響，在沒有實行計劃生育政策的時期，女性普遍可以維持著較長的生育期。藏族人認為，女子的經血被認為是極其污穢與危險的東西，男子必須嚴格避免與之接觸。據說經血如果接觸到男性的身體，那麼男性將會遭遇到「障」的侵襲，發生不幸。因此，女孩們必須小心謹慎地處理與之有關的一切事物。但由於初潮之前的性教育非常缺乏，因此大部分的女孩幾乎都是在極度的恐懼與無助中迎來這一人生的重要時刻。40 歲的芝瑪在年少時曾經經歷過這種恐懼，而她 13 歲的侄女也曾在類似的情況下經歷了初潮：

> 小姑娘都不懂這些（有關月經的事情），要等初潮之後問過母親才知道。去年我侄女來家裏玩的時候正好遇著（初潮），她

---

12 訪談時間：2010年7月。

什麼都不懂，嚇得鑽到被子裏躲著。我家兒子來告訴我說，姐姐拉血了，要死了。我去看，被子褲子上到處都是（血），才跟她講了（是怎麼回事），給她換了褲子和紙，後來她才慢慢懂了。[13]

對月經的恐懼與困惑在初潮之後的好幾年都會持續存在，與同齡或年齡稍長的同性交流有關身體發育的知識，是女孩們認識身體的主要方式。雖然母親及其它女性長輩也樂於傳授這方面的知識，但代際差距產生的羞澀還是會令內斂的女孩羞於開口。73 歲的次姆奶奶也對我講述了她自己的初潮經歷：

女娃娃來月經麼一般都是發現之後告訴母親，母親會教，有些發育晚的（姑娘）周圍的伴兒（朋友）會教。我是 20 歲才來，有點晚了，所以看周圍的伴兒咋個（怎麼）整（處理）我都會了。[14]

月經不僅使女孩子感到恐懼，更讓她們知道了自己身體會產生「污穢」後果，必須迅速妥當地進行處理。對月經的處理則反映了明顯的時代變遷痕跡。68 歲的阿宗奶奶也說：

我媽媽（現年 88 歲，因患病無法開口說話）以前告訴我她們那個時候麼不興（會）穿襯褲（內褲），都是一條百褶裙，也穿不起褲子。經期麼就是這種了麼（意為沒有任何的處理方

---

13 訪談時間：2010年8月。
14 訪談時間：2010年8月。

式），有時候拿點水洗洗，我小時候還看見我媽媽腳踝那裏有時候會有干掉的血跡，肯定是沒處理乾淨的，順著腳淌下來了。現在她還經常說穿褲子外面又穿裙子不方便。我自己年輕的時候還不是爛報紙、破布啊這些（東西）都會用，（如果）怕露出來麼只有多穿幾條褲子。[15]

75 歲的拉姆奶奶描述了一種傳統的經期處理方式：

我們以前那哈（時候）哪點（沒）有衛生紙，都是用紅布縫成布袋，裝上灶灰。灶灰好呢，乾淨，濕了又換，紅布沾了也不明顯，但是會整（弄）在褲子上，所以我們那幾天（經期）都會穿好幾條褲子。勞動時候太不方便了，難在（受）得很。[16]

42 歲的拉初大姐也描述了近 20 年來當地女性在經期使用的各種處理方法：

原來我們用紙，又黑又硬，20 世紀 90 年代後半期才有了衛生巾，現在山區有些人還不是用爛衣服啊這些，而且經期的時候要老是（非常）注意，千萬不能漏出來弄在褲子上，不然是很丟臉的事情。[17]

由於污穢不潔，經期的女性應儘量避免與男性尤其是僧人接觸，禁止進入寺廟或其它神聖的地方，否則會被認為是罪孽深重的行為。

---

15 訪談時間：2010年8月。
16 訪談時間：2010年8月。
17 訪談時間：2010年8月。

受月經不潔論的影響，女性的褲子也被認為是晦氣的。因此，男性的衣服不能與之晾曬在一起，如果這樣做的話，女性的陰氣會影響到男性的前途。次姆奶奶說：

> 男人對婦女這些東西最忌諱了，認為髒得很。所以不能讓男呢（人）看見，洗掉的褲子都要曬在隱蔽的地方。要是男人看見就會倒楣，遭厄運。[18]

男性對於女性月經的厭惡情緒是極其明顯的，不僅忌諱觸摸，更避諱談起，假如有人違反這種禁忌，男性還會報以蔑視與嘲諷。前文訪談的芝瑪大姐就曾經有過這樣的經歷：

> 女人的這些東西男人是討厭的，我爸爸看見我媽的內褲啊這些都會說：「呸呸呸，髒死了。」大理過來這裏做生意的男人會幫女人買衛生巾，我們藏族男人看見了，笑他們說：「你咯是（是不是）給（幫）女人擦屁股改（嗎）？」後來那些大理男人也不好意思買了。女的有病麼，都是不能說，大部分都是忍著，不好意思說麼。[19]

對於兄弟共妻家庭的女性來說，這種禁忌更為重要，因為家庭成員中男性數量較多，因此為了避免給男性帶來污穢，她們必須更加謹慎地處理與月經有關的一切事物。嫁給兩兄弟後育有兩個女兒的藏族婦女追瑪告訴筆者：

---

18 訪談時間：2010年8月。
19 訪談時間：2010年8月。

這些事情老是要（非常）注意呢，我原來剛嫁過來的時候我家媽媽就交代過我，我自己也曉得。現在大姑娘也是到年紀了（已經經歷了初潮），我也是教她，要多注意，不然會丟臉呢，很不好。[20]

雖然經期帶給她們諸多的不便與困擾，但大部分女性對經期的護理並沒有特別在意，男性對此更是嗤之以鼻。拉姆奶奶的描述反映了這種狀況的普遍性：

我年輕的時候麼幹勞動掙工分，哪點（裏）管得了，還（不）注意（在意），都是不管，（經期）在田裏幹活麼泡在水裏面，老了還是會經常感覺身體不舒服，風濕、婦科（病）這些都有。我聽我媽媽說過去走馬幫，馬幫裏面有時候會有女人跟起（著）一起走，如果有外地商人遇著（到）婦女經期會允許她們休息一天，（但是）我們藏族男人對這些都是不理不顧呢。[21]

現在，隨著觀念的改變，認為女性身體及其衣物污穢的根深蒂固的觀念也有所鬆動。筆者在村裏普通人家的院子裏偶而也能看到女性的衣褲與男性的衣褲晾曬在一起，甚至包括少量的女性內衣。然而，與大眾生活中日漸鬆動的性別污穢觀念相比，直到現在，藏族農村女性的生殖保健情況仍然令人擔憂。當地的一位婦女幹部這樣說道：

藏族農村婦女的生殖保健意識較差，為節省開支，她們經常使

20　訪談時間：2011年2月。
21　訪談時間：2010年8月。

　　　　用劣質的衛生用品，有些經濟條件較差的家庭婦女還會用破布
　　　　等其它東西代替衛生用品。我曾經參與對近年來全縣農村婦女
　　　　健康狀況的免費普查，發現大量患有生殖系統疾病（以婦科炎
　　　　症為主）的婦女，其中大部分是因為衛生條件較差造成的。[22]

　　事實的確如此，當地女性處理月經的方式存在著不小的差異，就
算是年齡相近的女性，也因家庭環境、經濟條件等因素不同致使她們
採用不同的處理方式，家庭經濟狀況較好的女性可以選擇各種各樣的
衛生用品，而家庭經濟拮据的女性還不得不繼續沿用幾十年前落後的
處理方式。為了改變當地女性的傳統觀念，關注自己的身體健康與生
殖保健，卓瑪和同事多次開展了下鄉調研與宣傳工作，並親自幫助山
區村落的小賣部聯繫質憂價低的衛生用品進行銷售，引導當地女性瞭
解衛生科學，關愛自己的身體。但這些工作確實需要相應的經濟支
出，因而不可能取得婦女幹部所期望的那種快速而明顯的成效。

　　事實上，不同社會與文化對女性的月經和產血的態度存在著較大
的差別。雖然月經禁忌廣泛存在於世界各地的不同社會中，但僅憑月
經禁忌判斷婦女地位的方式早已受到了質疑。月經禁忌也並不總是與
污穢或是其它負面象徵相關聯。在有的地方，男性甚至通過模仿女性
行經的行為期望縮小兩性之間的生理差異。例如，新幾內亞北方沃吉
歐島上的男人定期割裂陰莖流出血液的做法，就被認為是這種模仿行
為的典型代表。[23]對於本書所關注人群中的男性而言，與女性相比，
他們並不需要經歷類似於月經那樣因身體發育而導致的污穢後果，更
沒有因此形成持續終身的規訓和警惕。雖然男性在身體發育過程中也

22 訪談時間：2010年2月。

23 參見〔美〕R. M. 基辛著，甘華鳴、陳芳、甘黎明譯：《文化・社會・個人》（瀋陽
　　市：遼寧人民出版社，1988年），頁574。

會產生一種新的分泌物，但社會與文化對他們沒有進行任何的限制和
規定。

二　兩性活動、人口繁衍與生育控制

性活動是人類社會繁衍生存的基本途徑，對於性活動中占主導作
用的性別的態度，也反映了地方文化對男女兩性主次地位的認識。馬
林諾夫斯基將性看成一種文化力量。他認為，性之類的問題不能離開
它所處的社會制度背景。[24]對於兩性配偶數量不均等的多偶制家庭來
說，夫妻間的性關係是令人敏感而緊張的話題，他們之間隱秘的性活
動不僅對於家庭之外的人隱晦莫測，就算對於家庭成員也是一種「可
悟不可言」的微妙關係。

受印度文化的影響，性力崇拜成為藏傳佛教密宗的一大特徵，這
種被稱為「樂空雙運」的男女雙修也是密宗的一種獨特的修行方式。
雖然飽受外界的爭議，但這種特殊的修行方式一直延續至今。在當地
的寺院中即供奉著不少男女合體的神像和唐卡。在當地很多人家的經
堂裏，這類造像也並不罕見。但佛像一般都會用哈達、綢緞等包裹，
以遮擋其私密部位不為人所窺視。尤其是寡婦和經期的婦女，因為她
們身上帶有的污穢之氣很容易使神靈的神智失散，因此婦女一般是不
被允許進入寺院的密宗神殿的。

在這些造像中，大日如來及各種明王、金剛與各自的明妃相擁相
抱，民間通常稱之為「歡喜佛」。「歡喜佛」種類繁多，在筆者調查的
地區最常見的「歡喜佛」要算一面二臂勝樂金剛擁抱明妃金剛亥母的

---

24 參見〔英〕馬林諾夫斯基著，王啟龍、鄧小詠譯：《原始的性愛·前言》（上）英文
　　版第三版（北京市：中國社會出版社，2000年），頁2。

造像。勝樂金剛主尊皮膚為藍色，有一面二臂三目，左手執金剛鈴，右手執金剛杵，雙手於胸前交叉相抱，頭戴五骷髏冠，胸前懸掛著50顆鮮血人頭瓔珞裝飾，腰圍虎皮裙，右腳伸直踏威羅瓦，左腳微屈踏黑夜女神（均為印度密教中的神祇），雙手擁抱明妃金剛亥母。明妃一面二臂三目，全身赤裸，頭上也戴著五骷髏冠，脖頸上懸掛著50顆鮮血人頭，右手執金剛鉞刀，左手執持盛滿鮮血的天靈蓋置於金剛之口，供其飲用，左腿微屈，右腿纏於金剛的腰間。佛教密宗經典認為，女性是供養物，以愛欲供奉那些強暴的神魔，使他們得到感化，削弱他們的鬥志，然後把他們引到佛的境界中來，意即佛經上所說的「先以欲勾牽，後令入佛智」。

這種思想認為，宇宙中的萬物都是由創造女神的性力產生和繁衍的，性是宇宙間的根本動力，是智慧和力量的集中表現，男女交合、雙抱雙修才能獲得精神解脫和無上福樂。儘管普通信眾難以理解密宗雙修中繁瑣而高深的義理，也無法達到這至高的修行境界，但佛堂供奉的各類造像讓人世間習以為常的性行為因此塗上了一層神聖的色彩，也極大地影響著人們對待性活動的態度：在普通人群中表現為對性活動的放任與享受，在知識分子階層中甚至引發了對性問題的專門研習。尼泊爾寧巴人中存在的鬆散且形式多樣的性關係也證明了性活動在藏族群眾看來不僅僅是一種人口再生產的方式，同時也是一種身體和精神的娛樂與享受。[25]

性關係通常產生於衝動，但對於兄弟共妻家庭而言，丈夫們的性衝動中除了純粹的生理因素之外，還暗含著一種男性權利的彰顯，尤其是作為家長的長子，而其它的兄弟也往往試圖通過與妻子之間的性關係體現自己在家庭中的地位。這種男性的「權威」在性活動中經常

---

25 參見Youba Raj Luinter. "Agency, Autonomy and the Shared Sexuality: Gender Relations in Polyandry in Nepal Himalaya". *Nepalese Studies*, 2004, 31(1):43-83.

會體現為男性對兩性關係的主導。一位嫁給兩兄弟的婦女拉宗告訴筆者：

> 這種事情一般都是男的會來，女的麼就自己在房裏。哪個
> （誰）來他們（兄弟）會說好。我自己是不好說。各人不同的
> 嘛，我覺得老大對我好一點吧。他經常會問問我累不累，咯有
> （有沒有）哪點（裏）不舒服。不過麼老二也好呢。（對於哪
> 個更好些）這個咋個（怎麼）說來（呢），不好說。[26]

訪談的結果表明，在大多數的情況下，女性很少會主動提出性關係的要求，只是充當丈夫意願的配合者。由於生育知識的匱乏以及對女性感受的忽略，夫妻間的性活動通常不會將女性的特殊時期（經期除外）考慮在內，只要丈夫提出要求，賢淑的妻子必須予以配合，否則將被視為對丈夫不敬。因此，大部分女性在懷孕期間仍然保持與丈夫的性接觸，尤其是兄弟共妻家庭的女性。鑒於這種情形，很多女性經歷著不情願的性活動。然而，這種不情願的性活動卻對多偶制家庭的穩定意義重大。（女性）「長時間使男性失望會危及婚姻關係，還可能會危及配偶關係。」[27]因此，兄弟共妻婚姻中長期持續的「制度化」的性生活可能會「損害婦女的健康，使得婦女不能正常履行繁衍後代的職責」[28]。然而，「無論對於個人還是家庭來說，歸根到底，一切是以生存鬥爭的需要為轉移的，至於個人的性生活滿足與否，則是

---

26 訪談時間：2011年2月。

27 〔英〕德斯蒙德‧莫利斯著，何道寬譯：《裸猿》（上海市：復旦大學出版社，2010年），頁66。

28 張天路、張梅：〈中國藏族人口的發展變化〉，《中國藏學》1988年第2期。

次要的、附屬的」[29]。在這樣的情形下，那些依據一個婦女因享有與多個丈夫進行性生活權利而斷言兄弟共妻家庭的女性享有較高地位的論調，就面臨著這樣的批駁：

> 這種論調暗示著婦女可以自由選擇是否願意加入一妻多夫家庭，並且說明了男性不願意選擇這種婚姻形態正是其較少被施行的原因之一，因為對於大多數男性而言，其天性都是對其妻子的獨自佔有。[30]

由於性生活的頻繁，如果同時有幾個丈夫在家輪流同宿的話，妻子很難知曉孕育的孩子究竟是哪個丈夫的（除非有的丈夫已經長期離家在外），而且其家庭成員對這個問題也並不關注，因為這種關注明顯與家庭的團結與和睦意願背道而馳。但也有部分女性表示她們掌握了一些控制懷孕的技術，比如經期過後的兩周比較容易受孕，而經期及其前後則不會受孕。然而，家人的刻意淡化並不會使周圍的其它村民減少對孩子生父的好奇心與猜測，人們經常會根據孩子的長相和行為舉止猜測孩子的生父究竟是兄弟中的哪一位，甚至在某些不正式的公開場合中以玩笑的口吻對當事人進行調侃。例如，人們會說「你們家的大兒子很會做生意啊，跟他爸爸真像」，或者「你家小姑娘的眼睛真漂亮，跟她叔叔長得一模一樣」之類的話。

雖然家人刻意迴避，還是有不少的孩子通過母親知道了自己的親生父親究竟是誰，就像前文中提到過的女幹部卓瑪那樣。儘管如此，卓瑪仍然認為自己的叔叔和親生父親並沒有什麼兩樣，只是稱謂上略

---

29 宋兆麟：《野婚與走婚——金沙江奇俗》（昆明市：雲南人民出版社，2003年），頁149。

30 Miriam Koktvedgaard Zeitzen. *Polygamy: A Cross-Cultural Analysis*. Berg, 2008:3.

有不同而已。同時，卓瑪也承認，儘管知道自己的親生父親是誰，但她不會在家裏公開這樣稱呼。因為對於那些在自己的親生父親加入這個家庭之前生育的姐姐和哥哥們而言，這個家庭的父親只有一個。假如自己公開對生物性父親的稱呼，那麼兩個父親的事實將會對這個家庭的和諧發展極為不利。

　　這種對生物性父親的淡化處理方式顯然與同樣施行一妻多夫制的尼泊爾寧巴人力圖知曉孩子親生父親的做法截然不同。在寧巴人的一妻多夫家庭中，對孩子父親的認定主要由妻子完成，「認父」行為也成為妻子策略性地協調多個配偶之間關係的一種政治權利，甚至可以成為對某些在多配偶的性關係中遭受委屈的「丈夫」的一種補償。妻子通過這一途徑將其在婚外關係中所生育的孩子合法化地納入家庭成員之中，也因此具有一種在家庭中鞏固其地位與權利等級的特權。[31]另外，在實行走訪婚的永寧納西族中存在著一種「認子」（或「認女」）的習俗，在女方生育的孩子滿月的時候，與之建立長期穩定「阿注」[32]關係的男子的母親或姐妹要攜帶禮品到產婦家中慰問並探視新生兒。女方家還要為此舉辦一個簡單的儀式並宴請賓客。這一儀式的目的在於向鄰里公開宣佈嬰兒的親生父親。隨著「認子」的出現及大多數人對親生父親的明確，當地的阿注異居婚姻逐漸向同居婚姻方向發展。[33]相比較而言，筆者所調查過的一妻多夫家庭中的妻子並不具備類似寧巴人的那種讓孩子「認父」的「特權」，其家庭對生物

31　參見Youba Raj Luinter. "Agency, Autonomy and the Shared Sexuality: Gender Relations in Polyandry in Nepal Himalaya". *Nepalese Studies*, 2004, 31(1):43-83.

32　指男女雙方自願交往的一種初期對偶婚姻形態（參見詹承緒、王承權、李近春等：《永寧納西族的阿注婚姻和母系家庭》上海市：上海人民出版社，1980年，頁51-90）。

33　參見詹承緒、王承權、李近春等：《永寧納西族的阿注婚姻和母系家庭》（上海市：上海人民出版社，1980年），頁92-95。

性父親的淡化處理也特別強調了當地社會中凸顯的家長特權及長子權威，這種情形與前文列舉的兩者形成了較為鮮明的對比。

同宿與性生活是夫妻關係的基本權利，但由於多偶制家庭中配偶數量不均等，這種最為自然的性別關係變得頗為複雜。在一般情況下，兄弟共妻家庭的妻子有義務為所有丈夫提供均等的性生活機會，而姐妹共夫家庭的丈夫也應該儘量與所有的妻子進行數量均等的夫妻生活。

白雷曼（Berreman）發現，在盛行一妻多夫制婚姻的潔柳薩（Bawar）人中，一個已婚婦女維繫其家庭生活的首要事務即是協調性關係。對於一個一妻多夫家庭來說，丈夫與妻子之間性關係的調節對於緩和家庭運轉中的矛盾是極其重要的。失衡的性關係將會導致離婚以及家庭潛在的解體危機。[34] 確如其所言，這種性關係的均衡被認為是多偶制家庭維繫婚姻關係與維護家庭穩定的重要因素之一，也是多偶制參與者的義務與責任，尤其是那些兄弟共妻家庭中的妻子和姐妹共夫家庭中的丈夫。70 歲的太姆奶奶的經歷印證了這種均衡的重要性：

> 這種事情的老（一定）是要注意呢，不然會影響家裏的團結，
> 我自己是嫁給兩兄弟的，現在兩個兒子也是討了一個媳婦，我
> 會挨（跟）她說要注意這些事情。老是（儘量）不要偏心，不
> 然兄弟會鬧意見，家裏就搞不好。我年輕的時候對老大有點
> 好，後來他們兩兄弟就鬧架了，過了好長時間才慢慢好起來。
> 現在媳婦和兩個兒子倒是還某（沒有）咋個（出現什麼問
> 題）。[35]

---

34 參見G. Berreman. *Hindus of the Himalayas*. University of California Press, 1972:169-173.
35 訪談時間：2011年9月。

　　敏感的女性對夫妻性生活的感受是深刻的，她們在很大程度上將其視為夫妻之間的一種權利與義務，更是一種性別的「名譽」。不能與配偶進行性生活被認為是莫大的恥辱，不僅牽涉當事人自身，更會給家族帶來不利的影響。假如使用莫利斯的相關理論來解釋多偶制家庭中存在的性關係矛盾，那麼可以為理解上述問題提供很好的幫助。莫利斯認為，性行為具有締結配偶的功能。在配偶關係形成之後，性行為還將會繼續發揮維護和強化這種關係的作用。他同時指出，在某些特定的情況下（比如包辦婚姻和反性事宣傳等），夫妻可能會面臨兩種極端的性生活狀況：要麼對性事持強烈的壓抑態度，要麼可能會迎來更為強烈的性關係。因此，他認為，這類處於性行為締結配偶階段的婚姻通常需要借助外在的社會壓力維持夫妻關係，而不是依靠更基本、更可靠的內在結偶機制。假如婚姻的其中一方未能形成生物學意義上的配偶關係，那麼強烈的婚外配偶關係就會突然形成，對於一個家庭而言，其危險程度可想而知。[36]

　　據此，我們可以對多偶制家庭的性關係做出如下理解：由於配偶關係的不均衡，性關係無法有效地維持和強化配偶關係，因而婚姻參與者必須提升家戶利益與榮譽觀在個人觀念中的地位，並以之作為支撐與維繫婚姻與家庭存在的重要精神基礎；每對異性婚姻成員之間通過性接觸產生生物學意義上的配偶關係，以此儘量避免危及家庭穩定的婚外配偶關係的發生。因此，從家戶的整體利益出發，多偶制家庭中人數唯一的一方（兄弟共妻家庭中的女性和姐妹共夫家庭中的男性）都必須盡可能地按照家庭內部約定滿足另一方多個配偶的性要求。

　　在通常的情況下，輪流同宿可以被簡單地理解為「一人一晚」，但在某些特殊的情況下，比如其中某一個或幾個配偶長時間離家外

---

36 參見〔英〕德斯蒙德・莫利斯著，何道寬譯：《裸猿》（上海市：復旦大學出版社，2010年），頁80-81。

出，那麼當他或她返回家中時，其它長期在家的成員必須對其進行謙讓，以彌補其離家期間所造成的「損失」，以此達到家庭關係的平衡與和睦。然而，這種均衡與調試只是一種理想的願景，在實踐的過程中難免會遇到難以預料的狀況。假如這種均衡被打破，那麼必然會造成緊張的家庭關係。性關係失衡所導致的家庭矛盾是很常見的。比如，村裏一戶曾經三兄弟共妻的家庭，就因為夫妻關係不和造成了分家：

> 阿主、阿娃和巨勉三兄弟原來共娶取次為妻。但取次只想跟阿主同房，經常拒絕阿娃，甚至不讓巨勉進房間。為此，三兄弟多次吵鬧，但問題始終沒有得到解決。後來巨勉外出打工，與新認識的姑娘結婚，脫離了這個家庭。阿娃由於身帶殘疾，只能隱忍不發。取次後來育有兩個兒子，但他們都是阿主的孩子。[37]

在同樣實行多偶制婚的摩梭人中，由於夫妻間性生活的不便（主要原因是夫妻間的姑舅表關係使人害羞），很多夫妻年輕時很少有性關係，而是各自熱衷於找「安達」[38]；隨著年齡增長，外出找「安達」不便，幾兄弟才逐漸將感情集中在妻子身上。然而，有的妻子無法適應多夫的生活，家庭矛盾由此產生。比如，在一戶三兄弟共娶一妻的家庭中，由於妻子的不適應，因此最小的兄弟外嫁，剩下的兩兄弟也分了家。[39]

---

37 調查時間：2010年7月。

38 「安達」為睡覺的朋友。他們一般白天各自在自己的家庭內生產、生活，晚上由女方走訪男方，次日天明以後再辭別男方返家，這稱為走訪婚（參見嚴汝嫻、宋兆麟《永寧納西族的母系制》，昆明市：雲南人民出版社，1983年，頁314-320）。

39 參見嚴汝嫻、宋兆麟：《永寧納西族的母系制》（昆明市：雲南人民出版社，1983年），頁313-314。

在姐妹共夫的家庭中，共夫的家庭由於只有一個男子，作為妻子的兩姐妹一般都會以丈夫為主，因而家庭矛盾沒有共妻家庭那樣尖銳，但由於夫妻間敏感的關係造成婚姻破裂導致分家的也不乏其例。一位村民告訴筆者：

> 我是家裏面唯一的兒子，我有 4 個姐姐，前面的 3 個姐姐嫁給了同一個男人，第四個姐姐嫁到了四川甘孜。我姐夫是 1950 年左右到我家的，他原來是地主家的奴隸，條件太差了，所以到我家上門。他們一共有（生了）4 個姑娘，後來我三姐跟他合不來分家重新嫁了個男人，大姐和二姐現在都 80 多歲了，還在（健在）。這種家庭對待妻子不可能全部平等，會有偏心的，所以才會合不來鬧分家。「文革」的時候沒有干涉這種家庭，那個時候管不過來。他們結婚的時候沒有條件辦婚禮，直接就一起生活了。最後還不是散夥了。[40]

可見，丈夫處理與妻子之間關係的態度直接影響著家庭的穩定與婚姻的持續時間，同時，多個配偶中可能存在的個體差異（如長相、性情等因素）也可能導致姐妹共夫家庭中的丈夫對某個妻子或兄弟共妻家庭中的妻子對某個丈夫有所偏愛，如何克服這種由於生物性本能所導致的負面影響，也是考驗多偶制存在與持續的關鍵因素之一。

與摩梭多偶制家庭有所不同的是，由於尼村社會不存在盛行於摩梭村落的「安達」制度，不協調的夫妻關係無法通過這種廣泛「合理」存在的臨時性的走訪婚制度進行協調，因此，大部分不對等的夫妻關係是通過離家在外的丈夫自己尋找情人或有償性服務進行調試

---

40 訪談時間：2011年2月。

的，而女性則大多嚴格遵守既定的夫妻關係，很少僭越這種規則。由此可見，雖然締結多偶制的男女雙方數量不等，但他們的性關係網絡卻不僅僅集中在家庭內部，並且在多偶制中超越規則的一方以男性為主。多偶制家庭的性生活集中體現了福柯的論斷，即「不應把性描述為出於本性與權利對立的一種固執的衝動，這種權利雖竭盡全力想征服性卻往往不能完全控制它，而性必然不會屈從於這種權利。相反，性實際是以權利關係來表現的」[41]。也就是說，性活動是一種產生權利的社會建構，並使通過男女兩性的行為與權威所塑造的社會性別關係得以彰顯。

三　生兒育女

（一）懷孕

藏族群眾認為，孕育生命是男女性交的產物。人們的肉身源自男精女血（也稱為「赤白菩提」），所以長大之後的孩子會與父母的模樣類似。這種把孩子視為父母雙方的「精髓骨肉」的生命觀也廣泛存在於跨越印度、西伯利亞和我國其它地區的廣闊地帶。[42]因此，締結夫妻的雙方在互相選擇時各有一套外在的評判標準。比如，身材高大、強壯的男性被認為是較為恰當的結婚對象，因為他們「一是身體好，二是具有安全感」；同時，具有高挑身材、面容姣好的女性也受到男性的青睞。

1950 年以前，由於藏族聚居區大部分地處邊遠的高山峽谷之

---

41 〔法〕蜜雪兒・福柯著，張廷琛、林莉、范千紅等譯：《性史》（第一、二卷）（上海市：上海科學技術文獻出版社，1989年），頁101。

42 參見杜杉杉著，趙效牛、劉永青譯：《社會性別的平等模式——「筷子成雙」與拉祜族的兩性合一》（昆明市：雲南大學出版社，2008年），頁93。

中，婦女的生育條件較為惡劣。天花、鼠疫、流腦、麻疹等傳染病傳入藏族聚居區後，給當地的人畜發展造成了較大影響。同時，在藏族聚居區還流行一種被稱為「布魯尼病」的特殊疾病，俗稱「波浪病」。這種病使男性患者產生不育症、婦女多流產，有的婦女甚至因此終生不孕。這種疾病雖然現在已經絕跡，但假如結婚一年以上妻子還未懷孕，人們通常情況下都認為是女性身體有問題，而不會考慮男方的問題；現代醫學逐步普及之後，這種觀念有所改變，但在很多偏僻的地區仍然盛行。為了丈夫們的「面子」，一般的家庭都會將不孕的原因歸咎於女性，女性們也樂於為丈夫隱瞞事實，以保名聲。生育能力在某些社會中甚至構成了男女兩性之間的絕對差異，不能生育的女人就不是或不再稱得上是一個「女人」了。例如，努爾人中那些不孕的婦女就不得不回到娘家成為一個被視為「男人」的女人。[43]

不孕女被稱為「姆肖」。為祈求生育，她們往往借助宗教神靈的力量以期達成心願。到寺院燒香祈福是最常見的做法，卜卦也被認為可以找出不孕的原因。距離筆者調查的德欽尼村不遠的神山半山腰上有一處被視為山神陽具的石刻，不會生育的婦女可以到那裏祈求神靈賜子。這種男性生殖崇拜在藏族聚居區的其它地方也存在。例如，西藏察瓦龍地區的山上常有堆砌的石頭，石頭四周刻有藏文經典，象徵著卡瓦格博的女兒，專供婦女燒香祈福[44]；在甘南地區的卓尼、臨潭等縣的村落[45]，甚至還有專門為不孕婦女舉行的求子儀式[46]。雖然生育之苦位列佛教的八苦之首，但不孕的婦女卻將不能生育當作人生最

---

43 參見〔英〕克里斯・希林著，李康譯：《身體與社會理論》（北京市：北京大學出版社，2010年），頁52。

44 參見楊毓驤：《伯舒拉嶺雪線下的民族》（昆明市：雲南大學出版社，2000年），頁77。

45 參見散人：〈甘南生殖崇拜點滴〉，《西藏藝術研究》1999年第1期。

46 參見馬達學：〈青海民俗與巫儺文化考釋〉，《青海民族研究》1999年第1期。

大的苦楚。通過生殖崇拜的方式，她們虔誠地祈禱神力為生育賜予有效的力量，以完成自己的性別義務與家庭使命。由於當地還存在其它解決後嗣的方式，因此婦女的不孕有可能會導致婚姻關係的解體，但一般不會成為直接的決定因素。

懷孕，是一件令孕婦極其高興和期盼已久的大事，但對於家人來說影響甚微，因為這是一件順其自然、水到渠成的事情，無須特殊的慶賀。此外，到處宣傳懷孕的消息對孕婦及其家人來說也並不是值得稱讚的行為，因為這樣做是「不懂得害羞」的表現。男性對孕婦腹中胎兒的生長無能為力，他們只能通過祈願盼望新生嬰兒獲得健康。

孕婦對懷孕的知曉，首先來自於停經，以及嘔吐、嗜睡、腰酸、體力下降等身體反應。這些知識一般由母親傳授給女兒，或者在女性群體中互相傳播。已經有過生育或懷孕經歷的女性往往會在特定的場合聊起自己的經驗，未孕者可以從中知曉一二。但也有不少的女性對懷孕的反應知之甚少，甚至在小腹開始隆起之後，才意識到自己身體發生的巨大變化。新婚的夫妻一般都希望盡快生育孩子，只要能夠供養得起，在計劃生育政策實施以前，孩子的數量並不是他們考慮的主要問題，但一般的多偶制家庭通常都會有兩個以上的孩子。

按照傳統方法算出的預產期與現代醫學的算法極其相似，認為正常的懷孕時間應該是 38 周，雖然掌握具體計算方法的人並不算多，但很多產婦都表示她們家人請人幫忙計算的時間與在醫院分娩的時間相差無幾。除此之外，當地人還認為，他們能夠識別子宮內胎兒的性別，而且胎兒的性別還會在某一特定的時候發生變化。一個 5 歲女孩的母親追瑪告訴筆者，她懷孕的時候確實出現過孕育男孩的徵兆，比如她看到自己嘴邊長出了鬍鬚，身體也似乎較為健碩，這些跡象都表明她懷的是個男孩。然而，一次明顯的子宮出血事件表明，胎兒的性別已經發生了變化，果不其然，分娩時她生的是女兒。人們普遍認

為，胎兒性別的變化與孕婦在懷胎期間接觸到的一些邪惡事物有關，
比如接觸到被人下過咒語的物品，或者孕婦曾經與道德敗壞的婦女發
生過爭吵。

　　因為擔心招致家人的注意，讓自己顯得「不知道害羞」，也害怕
自己懷孕的事情遭人妒忌而暗中下咒，不少婦女在懷孕初期會盡量掩
飾自己身體的變化情況。具體做法包括穿較為寬大的衣服、減少與家
人近距離接觸等。但大多數人並不會因為懷孕立即停止夫妻間的性活
動，尤其是在兄弟共妻的家庭中。假如不是特殊的原因，比如丈夫長
期外出，或是自身疾病所致，懷孕對於身體正常的已婚婦女來說是一
件習以為常的事情。

　　孕婦的胎教是極其重要的。為了胎兒的健康，藏族孕婦必須避免
接觸污穢、邪惡的東西。遇到打架吵嘴的場面要迴避，不能觀望；也
最好不要到別人家中串門和閒聊，以免看到不該看的東西，或多生事
端；假如碰到疲勞的人和牲畜或者遠道而來的客人（俗稱乏人乏馬）
也要盡量迴避。對孕婦的飲食也有專門的禁忌，尤其不能隨便吃別人
給的東西。這些東西被尼村當地人叫作「都巴」，是 「逆心」（不順心
的）之物，可能遭到過不懷好意的「素樸」。如果吃了這些來路不明
的東西，可能會對胎兒不利。怒族孕婦則忌諱吃到已經懷孕的動物。

　　獨龍族孕婦則嚴禁觸摸奇形怪狀的樹木或是石頭，不能東張西
望，以免看到不該看的事物，導致生下不正常的孩子。孕婦要忌諱從
男子的弓弩、箭包、砍刀等工具上跨過，更不能用手觸摸，否則男子
今後會打不到獵物；更要忌口，不能喝壇中不流動的水、不吃水獺
肉、不吃豬尾巴和熊肉等。[47]

　　怒族婦女在分娩前夕，丈夫要砍好松明子、柴火，釀好酒，準備
好雞蛋、蜂蜜、糖、油、糧食等物品，避免離家遠行，以免妻子分娩

47　參見楊將領：《中國獨龍族》（銀川市：寧夏人民出版社，2012年），頁92。

時無法得到照顧。獨龍族家庭在產婦分娩之前要把房屋內外所有對象
上的繩結打開，把罩在鍋、盆、碗上的所有蓋子揭開，否則他們認為
孩子降生時會喘不過氣。家人從外面背回的豬草、糧食、柴火等要立
即取出，擺放整齊，否則可能會引起難產。[48]

　　無論在哪個民族的社會中，已經懷孕的婦女都會得到家人的關心
和幫助，並得以適當減輕勞動負擔，但不會完全停止勞作，需要注意
的是不能背負過重的東西。很多婦女會一直勞做到分娩的前一天，甚
至是當天。生在田間地頭的嬰兒屢見不鮮，甚至還有在母親轉山途中
出生的嬰兒。

（二）生產

　　藏族孕婦臨產的時期被稱為臨產月，在產期到來之前，家人必須
收拾出一處整潔的地方供臨產婦分娩。產室不能安排在家人平時居住
的房屋內部。由於當地人認為產婦生產時流出的污物和血漬是污穢不
潔的，生產的血污也必須立即清除，因此產室一般設在房屋一層的畜
廄或倉庫中。類似的做法在藏族聚居區各地都很常見。[49]即將臨盆的
婦女由家中的女性長輩陪同待產，並由有經驗的中老年婦女負責接
生，這些幫助產婦生產的人被稱為「諾入」。在新式住院分娩法傳入
迪慶藏族聚居區以前，這種分娩方式是每個產婦生育後代的唯一選擇。

　　在臨時設置的產房內，產婦被安置在鋪設了大量乾淨的乾草的地
上，靜靜等待著胎兒的出世。《四部醫典》的唐卡中曾經描畫過孕婦
分娩的場面，畫面中顯示的孕婦是以俯臥的方式娩出嬰兒的[50]，但平

---

48 同上書，頁92。

49 參見赤烈曲紮：《西藏風土志》（拉薩市：西藏人民出版社，1982年），頁174-176。

50 參見德司・桑傑嘉錯著，強巴赤列、王鐳譯：《四部醫典系列掛圖全集》（拉薩市：
　　西藏人民出版社1988年），頁3。

躺分娩的方式仍然是最為常見的。由於女性自身的「污穢」屬性，生產不僅會產生污穢，而且是一件忌諱談起的事情，假如消息散佈開來，產婦可能會因為羞怯而導致難產（「諾噶」）。75 歲的布稱奶奶告訴筆者：

> 我們藏族人要生娃娃的那幾天是哪個（誰）都不說（告訴），對鄰居也不說，說了怕不好。人家問（怎麼沒見到）都說是（產婦）不在家或者說身體不好。以前都是在家裏的牛圈裏墊上乾草，在那裏生會乾淨點，血（污）這些也好處理點。自己整不來（處理不了）麼就要請人（幫忙），但是一般也是請家裏的（女性長輩）親戚，別的人家還是忌諱的，不愛管這些。（娃娃）生下來後就挨（把）大人（和）娃娃一起移到臥室裏面（去）。[51]

分娩過程中流出體外的血水，全部被鋪設的乾草包裹吸附。順利娩出的嬰兒由接生的婦女用手接住，將刀或剪刀簡單過一下火，達到消毒的效果，用來剪斷臍帶。新生的嬰兒用棉布包裹，與自己的母親一起被移到臥房中，產房中受到「污染」的地方必須被迅速地清理乾淨。

獨龍族的習俗與之類似，人們認為產婦身上的血不潔淨，會影響男子狩獵，並可能沖散家裏的福氣；還因為室內有弓箭，被沖著之後，弓箭便打不到野獸。因此，產婦只能到家外的糧倉裏分娩。姑娘出嫁後不能在娘家生小孩，否則認為會導致子女不興旺。如果發生這

---

51 訪談時間：2011年9月。

種情況，女方就需要送酒和半頭豬給男方作為補償。[52]等孩子生下剪斷臍帶，洗過澡之後才能和產婦一起回家。嬰兒的胎盤要由婆婆收好，深埋在不會受到雨淋的岩洞裏或房屋下。因為人們認為胎盤是嬰兒的一部分，不能隨意丟棄，更不能讓豬、狗等動物吃掉；假如被雨淋到，那麼嬰兒的肚臍會潮濕，進而影響孩子的健康，會導致一輩子肚子疼。[53]

怒族孕婦的生產一般由附近有接生經驗和技能的婦女幫忙完成。生產一般在家裏完成，幫忙的婦女先燒好水、關好門，防止男性進入。蘭坪一帶的怒族人家往往在孕婦分娩時於自家門口插上一根鋤棒長短的木棍，上面橫著嵌上一塊巴掌大小的木片，以示外人勿入。[54]小孩生下來後用鋒利的刀子割斷臍帶，紮好肚臍，用溫水給嬰兒洗澡；然後，把胎盤埋入房屋附近的地裏，據說這樣做可以讓出生的兒女無論走到哪裏都會眷戀出生的土地，倘若處理不善讓狗或其它動物吃掉的話，孩子長大後一生都不會成器。[55]

孕婦順利生產使一家人沉浸在喜悅的氛圍當中。假如遇到難產，產婦將經歷痛苦的生死考驗，嬰兒是否能夠娩出，完全依靠個人的運氣，旁人毫無辦法，難產也使不少產婦失去了年輕的生命。藏族傳統觀念認為，女人生孩子是順其自然的事情，死於難產的女人被認為是前輩子造孽的結果；妻子死了，丈夫可以再娶，孩子沒有了，再娶的妻子也可以再生。根據研究報告，在德欽縣 2000 至 2003 年死亡的

52 參見〈雲南省貢山縣第四區獨龍族社會經濟調查總結報告〉，《民族問題五種叢書》雲南省編寫組、《中國少數民族社會歷史調查資料叢刊》修訂編輯委員會《獨龍族社會歷史調查》（二）（北京市：民族出版社，2009年），頁25。

53 參見楊將領：《中國獨龍族》，（銀川市：寧夏人民出版社，2012年），頁92-93。

54 同上，頁122。

55 參見雲南民族事務委員會：《怒族文化大觀》（昆明市：雲南民族出版社，1999年），頁71。

12 例孕產婦中，除 1 例是鄉村教師外，其它都是文盲。其中家庭人
均月收入在 100 元以下者占總數的 91.67%，且死者全部居住在山
區。其中有 11 例生產在家內進行，且有 10 例為直接產科死亡（包括
出血、感染等）。[56]直到 2009 年，僅德欽縣奔子欄鎮就有 26 名新生兒
死亡，而全鎮一年出生的人口也只有 48 人。[57]

　　怒族婦女如遇難產，首先要舉行祭鬼儀式，然後讓產婦將熊的生
殖器拿在手裏助產；或是在高處拴上一根帶子，把帶子套在產婦的腋
下，使身體斜坐，讓一個有經驗的助產婆用雙手慢慢朝其腹部向下按
摩，使胎兒滑出。假如這些辦法都無濟於事，則只能用火焚燒辣椒，
使產婦受到刺激打噴嚏，同時使嬰兒掙脫出來。在怒族聚居的碧江縣
一區九村下屬的自然村落甲加村，由於生活貧困和天災疾病等原因，
歷史上人口繁殖很慢。從 1946 年到 1957 年，這個村子共出生新生兒
19 人，其中死亡 17 人，8 年中淨增人口僅 2 人，出生人口死亡率高
達 90%。又根據對村裏 17 個已婚婦女的瞭解，她們曾經先後生育子
女 46 人，但在 3 歲以下死亡的即有 17 人，孩子死亡率等於出生人口
的 36.83%。人口自然增長的緩慢，使當地勞動力的補充受到較大的
限制。[58]孩子一般是產婦自己接生或者由接生婆和丈夫幫助生產。多
半是跪著生，在高處拴兩根繩子，用於牽拉輔助用力。嬰兒的臍帶用
剪刀或磁瓦片割斷。新生兒不擦油不洗澡，直到產婦有奶時方開始餵
食。嬰兒多死於臍風，有的產婦因難產而死，但數目不詳。[59]

---

56 參見余英：〈德欽縣農村2000至2003年孕產婦死亡檢測情況報告〉，《中國實用鄉村
　　醫生雜誌》2004年第11期。
57 資料來源於奔子欄鎮政府2009年計劃生育統計資料。
58 參見《碧江縣一區九村怒族社會調查》，《民族問題五種叢書》雲南省編輯委員會、
　　《中國少數民族社會歷史調查資料叢刊》修訂編輯委員會：《怒族社會歷史調查》
　　（北京市：民族出版社，2009年），頁19-20。
59 參見《怒江區文教衛生情況》，雲南省編輯組、《中國少數民族社會歷史調查資料叢

　　獨龍族的孩子死亡率也較高。20 世紀 80 年代的調查資料顯示，在獨龍江 24 戶人家中，曾生育 217 名嬰兒，其中死亡人數達 99 人，占出生人口總數的 45%；15 歲以下的未成年死者有 89 人，占死亡人口總數的 90%。[60]例如，熊當村的克倫（女）和迪曾王朋（男）巫師夫婦曾經生育過 10 個孩子，其中的 6 個生下不久即死亡，另外有 2 個年紀稍大點因病死亡，最後成活的孩子僅有 2 個；龍元一隊的墨波夫婦曾經生育過 15 個孩子，但先後死去的孩子多達 12 個，成年的僅有 3 個；先久當地區齊當村的永東廷夫婦曾生育過 9 個孩子，死亡的有 4 個，其中 1 個 1 歲的孩子和 1 個 3 歲的孩子是在大人外出勞動時死於家中的火災；先久當地區學初村的蘇切爾貝夫婦曾生育過 12 個孩子，其中長女還未出嫁即在過江時因溜索扯斷不幸落入江中，長男則在出生一周後死去，其它還有一男一女胎死腹中；迪朗村的迪朗先久松夫婦曾經生育 13 個孩子，在死亡的 8 個孩子中除了 1 個女孩是在 4 歲時死於疾病之外，其餘夭折的嬰兒全部都死於滿月之前。[61]

　　在藏族婦女幹部卓瑪看來，傳統的生育與「污穢」觀念對藏族女性的身體健康確實造成了很大的負面影響。傳統的藏族農村女性平時忙於勞作，根本無暇顧及自己的身體健康，並且受到傳統觀念的影響，認為與女性有關的生育和生殖事物都是不潔的，因而即使身體不舒服也會自己隱忍。她的母親就因為忙於勞作，一生生育的 10 個子女中最後只存活了 5 個。傳統的觀念認為，女性生產是污穢的，因此必須到豬圈、牛棚等圈養牲口的地方生產，卓瑪自己就是母親在豬圈

刊》修訂編輯委員會：《中央訪問團第二分團雲南民族情況彙集》（上）（北京市：民族出版社，2009年），頁23。

60 參見蔡家麒：《藏彝走廊中的獨龍族社會歷史考察》（北京市：民族出版社，2008年），頁94-96頁。

61 參見蔡家麒：《藏彝走廊中的獨龍族社會歷史考察》（北京市：民族出版社，2008年），頁78-79頁。

勞作時生產的。母親告訴她，她出生時滑落在母親的褲襠裏，後來母親用圍裙將她包裹起來，把剪刀放在火塘上過了一下剪斷了臍帶。後來觀念慢慢改變，她的弟弟和妹妹就沒有生在牲口圈裏，而是出生在家中相對乾燥和衛生的雜物間裏。女性生產之後的休養和保健視家庭情況各有不同。經濟條件稍好一些的人家一般會讓產婦休養 1 個月，並適當進食雞湯等營養品進行滋補，但缺乏勞動力的人家，產婦一般只能休息 3 天就必須下床勞作。[62]對於那些在生產過程中沾染到血污的衣物，必須及時進行清洗，以免污染到家內的其它事物從而帶來厄運。同時，產婦因為身沾污穢，也不能進入廚房，因為那裏有火神和灶神，要是玷污了這兩位神靈，那麼家戶將遭受前所未有的災難；至於神聖的經堂和其它宗教場所，更是絕對不能踏入的禁地。

隨著醫療衛生條件的改善，越來越多的婦女告別了在家中分娩的時代，選擇了住院分娩的方式。1950 年以後，我國政府在農村地區大量培訓助產士，從而有效地改善了婦女的生育健康，降低了母嬰死亡率。20 世紀 60 年代以來，農村地區開始建設醫療衛生基礎設施，但仍有大量的婦女用傳統方式「冒險生產」。近年來，為提高產婦的住院分娩率，國家實施了母嬰援助計劃，為符合條件的產婦免費提供住院說明，並根據情況給予適當的補貼和獎勵。一位藏族產婦告訴筆者：

> 我的娃娃是在醫院生的，我自己先交了 2,000（元）的押金，後來人家（醫院）補助退給我 1,700 多（元），自己只出了 200 多（元）。現在醫院生的娃娃每個都有獎，男娃娃獎勵 50 元，女娃娃麼獎勵 100 元，打預防針這些人家都會打電話來通

---

62 訪談時間：2010年2月。

知我們呢。[63]

　　其實，早在母嬰計劃推廣之前，即有不少當地婦女開始接受新的生產方式，選擇到醫院生產。一位 36 歲的婦女頂著當時的「家庭壓力」，堅持住院分娩：

> 現在去醫院生麼好，安全，國家還給補償（補貼）一些，我生我兒子的時候是自己去醫院（兒子今年 11 歲），那哈（個時候）哪個（誰）會給你一分錢，都是自己出。但是我還是堅持要去，娃娃他爸爸也同意了。那個時候麼大多數人都是在家裏生呢。[64]

　　雖然政府極力推廣，但由於傳統觀念根深蒂固，再加上交通不便，仍有不少的產婦選擇在家生產。一位村裏的婦女幹部告訴筆者：

> 靠近鎮上的這些地方（的產婦）大部分還是會去醫院生的，山上的幾個小隊（村民小組）的人（產婦）就不一定了，人家不願意下來。像現在給錢（補貼）還好點，不然你（用）車子開起（著）克（去）拉，人家都還不一定下來呢，不給錢還要花錢哪個（誰）願意來，都是自己搞。[65]

　　由於當地婦女平時從事大量的勞作，身體健康，順產率很高，需要進行剖宮產的產婦數量較少，所以當地的醫院也沒有配備可以實施

63　訪談時間：2010年8月。
64　訪談時間：2010年8月。
65　訪談時間：2010年8月。

剖宮產的醫生和設備，如果遇到難產，產婦必須被送到 80 多公里以外的香格里拉縣才能得到處理。對於初次生產的產婦而言，雖然順產需要經歷比剖宮產更多的痛苦，但對生育第二個孩子極為有利，因此不少婦女寧願忍受這種痛苦。一位正在住院的產婦告訴筆者：

> 我們這裏大部分（產婦）都是順產，疼麼疼點，剖宮產中間要隔三年，麼不方便（生育）。[66]

在當地醫院已經工作 10 餘年的婦產科醫生曲珍也說：

> 我們這裏一般都是順產，剖宮產的少，一般都好生呢，剖宮產的要送到中甸，這裏不敢整（做手術）。幾乎人人都是順產呢。[67]

與在家生產一樣，醫院分娩同樣也存在風險，對於因生產失去生命的產婦，人們的看法仍然遵循著無常的生命觀。家住醫院附近的村民拉初大姐告訴筆者：

> 現在我們這裏的婦女大部分都在醫院（鎮衛生院）裏生（小孩），以前的人膽子大啊，敢在家裏生。不過（在醫院生）也有出事的。我有個朋友跟我同歲（35 歲），去年在縣城醫院剖（宮產）的，生下個娃娃，（產婦）第二天就高血壓不在了（去世了）。我們藏族人（認為）人死了就不想再提了，所以

---

66 訪談時間：2010年8月。
67 訪談時間：2010年8月。

就像這種（情況）就算了，不然麼要找醫院的麻煩呢。[68]

在畜廄中生產的習俗曾被看作原始和野蠻的象徵，同時也代表著女性地位的低下，但也有當地人對此持反對意見。藏族幹部嘉措對筆者說，鬧革命的時候村裏有個人對工作隊的人說土司和富人虐待窮人，導致他出生在牛圈裏。在場的人聽見都笑了，在那個年代裏，大家哪個（誰）不是出生在牛圈裏，貴族家的人也不例外。[69]看來，婦女在畜廄裏面生產並不完全是特定歷史階段階級壓迫的產物，而是由當地社會文化中根深蒂固的性別制度所造成的。

（三）產後

剛剛經歷了生育之苦的產婦身體極其虛弱，家人必須對其進行悉心照料，以幫助其盡快恢復體力。藏族家庭為孕婦特別準備的營養品包括精心熬製的雞湯和釀製的米酒以及酥油酒等，但對於平時人們認為極度補身的藥材如冬蟲夏草和松茸等一般不會提供給孕婦服食，因為這些藥材被認為略微含有毒性，對產婦的身體不利，更會影響其哺乳的品質。此外，生產之後的女性一般要休息 1 個月，大部分時間躺在床上，不能洗頭，更不能洗澡；為防止風寒，要把頭包起來，等孩子滿月之後才能洗。曾經生育過 8 個孩子的卓姆奶奶的講述則反映了這種傳統的產後護理方式：

生了娃娃麼一般要休息一個多月，都是睡起（著），洗澡是不得（不行），頭都不（能）洗，要包起（來），一個多月以後才洗。[70]

　　儘管有家人的悉心關照，但由於生產時的衛生與醫療條件較為簡陋，加上平時疏於防治，許多生育過的婦女落下了難愈的病根。在現代醫療技術與設施進入當地以前，雖然傳統的藏醫學中已經包含婦科診療方面的內容，但能夠有機會接受治療的女性極為有限。由於衛生條件惡劣，生育通常伴隨著不同程度的疾病與危險甚至是死亡。一位生育過兩個孩子的婦女說：

> 我兒子是順產，縫針太疼了，現在裏面都還有一坨肉，硬的，（有時候）會發炎，難過（難受）得很，原來沒有潔爾陰這些（藥水洗液），都是去醫院要點藥水洗洗。遇著（到）經期會過敏，而且出血量太大了，血塊老是（非常）多。我們農村婦女生了小娃娃（以後）婦科病太多了，到醫院看過幾次都看不好，而且也很不好意思去看。[71]

　　雖然生育帶來的身心傷害不小，但很多婦女產後休養的時間很短，最長的也不過 1 個月，有的人甚至更短；就算是在這期間，她們還要做一些力所能及的家務。1 個月之後，她們將恢復每天的正常勞作。在這方面，兄弟共妻家庭的優勢再次顯現出來。一位主婦回憶起自己生育 3 個孩子的經歷時這樣說道：

> 我生 3 個娃娃都是在家，那久（段時間）廢阿主（她的大兒子）他爸爸和他叔叔（她的兩個丈夫）都回來，家裏面還請醫生過來，老人（丈夫的父母）也幫起（著）忙。所以我還是享福的，差不多休息了一兩個月才開始做活，別人都羨慕我呢。[72]

---

71 訪談時間：2010年8月。
72 訪談時間：2010年8月。

可見，兄弟共妻家庭所能提供的充沛勞動力也為主婦生育後的休養提供了必要條件，同時，丈夫及其家人對產婦的盡心照顧也是一種協調夫妻及家庭關係的重要手段。由於此時產婦的身體極其虛弱，這種關愛不僅顯示了家人對產婦的照顧，同時還可以通過這一途徑安撫其心理，達到穩定家庭關係的目的。

在碧江縣，直到 20 世紀 50 年代，婦女在孕期及產前都沒有一定的休息和營養補充，有錢的人家在婦女孕期準備一隻羊。產後殺羊，將羊血煮得半生半熟的給產婦吃。羊肉也煮食，當羊肉吃完時，產婦就要下床做家務或者上山勞動。經濟條件有限的人家的產婦最多吃兩隻半大雞。嬰兒在哺乳期就隨母親背在身上一起上山勞動。[73]在貢山地區，由於產婦產前產後無休息和營養可言，最多補充一點雞蛋，至多休息兩三天，因此患婦科病的婦女不少。不少婦女產後得了乳腺炎，一般是上草藥，也有因此而死亡的。嬰兒也沒有營養品，死於臍風者約占 40%，哺乳期一般為 12 歲，甚至更長。[74]

四 生育對婦女地位的影響

生育不僅對已婚女性而言意義重大，對整個家庭而言也是至關重要的大事。在藏族社會的大部分地區，由於父系與母系繼嗣制度並行，加之通過其它方式也能解決子嗣的問題，女性在家庭中的地位並不完全依賴其生育能力（雖然能夠生養子嗣，尤其是男性後代能夠為女性帶來積極的家庭影響力），關鍵還在於「德行」，即其「主內」的

---

73 參見〈怒江區文教衛生情況〉，雲南省編輯組、《中國少數民族社會歷史調查資料叢刊》修訂編輯委員會：《中央訪問團第二分團雲南民族情況彙集》（上）（北京市：民族出版社，2009年），頁23。

74 同上書，頁24-25。

能力。因此，傳統的藏族女性並不像被曾經纏住雙足的漢族婦女那樣遭到禁錮，而是依靠其自身的道德約束，「自願」地留在家中。

與漢族和其它很多民族期望得到男性後代有所不同的是，藏族人對於後代的性別期望普遍表現得不太敏感，也許是出於對佛教的虔誠信仰，他們對殺嬰和故意流產等做法也是持反對意見的。由於招贅上門也可以解決家族的後嗣延續問題，因此在高生育率和高死亡率籠罩的時代，人們對後代的渴求是那樣的強烈，以至於對性別的偏好隨之降低到了次要的地位。

在出生之前對胎兒進行性別檢測的做法在藏族群眾中並不盛行。雖然傳統觀念認為胎兒的性別可以改變，但隨著現代醫學的普及，這種認識也在逐漸發生著變化。此外，由於前往醫院交通不便且費用較高，使得大部分人也不會考慮去醫院，並且由於胎兒不符合期望中的性別就進行流產和殺嬰的做法也與人們的宗教信仰背道而馳。他們甚至對漢族人極度偏愛男性後代的現象頗有微詞。一位只生育了一個孩子的藏族婦女對筆者說：

> 我們家是只有一個兒子，我家兒子 3 歲多的時候婆婆還給我辦了準生證。我忙著開飯店就沒生，現在婆婆不在了，也沒人帶，不可能生了。我家老公說如果是兒子就生，姑娘就不生了。其實我更喜歡姑娘。在我們這裏做生意的那些四川人啊，生了姑娘會送人，這個是身上掉下來的肉啊，我倒是捨不得。[75]

矛盾的是，儘管人們口頭上表示對性別取向並無偏愛，但藏族社會仍然普遍地存在著一種對男性後代的偏好現象。但也有人認為，藏

---

75 訪談時間：2010年9月。

族群眾對男孩的偏好與以漢族為典型的其它民族的「重男輕女」觀念具有本質上的不同，這種偏好並不是對女性後代的厭棄，而是對藏族社會失衡的男女性別比例調和的期望，以及對藏族男性人口較高死亡率的一種補償。當地的一位婦女幹部告訴筆者：

> 我們藏族人生娃娃老是（很）不講究生男生女，當家的只要是老大就可以，不管男女，不過麼我覺得男人還是喜歡兒子多點，姑娘也不會老是（非常）不喜歡。[76]

雖然人們口頭宣稱生男生女都一樣，只要是老大都能當家，但對男性後代的期盼與喜悅之情仍然溢於言表。生育男孩不僅對於母親而言是一件光榮的事情，對於父親而言意義更為重大。在一些僅有男性參加的聚會中，生育男孩的父親們可以被安排在上席，而只生育過女孩的爸爸們只能屈就於下席。就算是喝酒，在有男孩的父親們只需飲 1 杯酒的情況下，只有女孩的父親們則必須飲 3 杯酒。因為理由很簡單，男孩可以為父親代飲 2 杯，而女孩的父親必須自己承擔。當地人對飲酒活動的差別性對待只不過是人們對渴求男性後嗣的一種平常體現。筆者發現，在當地的多偶制家庭中，連續生育 2 個女孩的家庭並不少見，那麼這些家庭的婦女也會受到類似的困擾嗎？調查結果說明，這種情形同樣是存在的。因此，對大多數的家庭來說，父親最大的期望還是能夠得到男性後嗣。

儘管不是決定性的，但不能生育、流產或嬰兒夭折等生育問題都對女性具有不利的影響。38 歲的只瑪嫁給兩兄弟後曾經懷孕過 2 次，但 2 個孩子都在不滿 1 周歲的時候不幸夭折了。[77]這件事情讓她

76 訪談時間：2010年2月。
77 訪談時間：2010年8月。

和家人都痛苦不堪。她的婆婆這樣說：

> 流產老是（是很）可惜，麼咋個整（怎麼辦），還不是不
> （沒）有辦法。平時家裏老是（一般）不提，提了大家也不舒
> 服，想著還會有就好了。[78]

　　在某些特殊的情況下，由於妻子不能生育或者認為妻子不合格，
也可以另娶；妻子如果願意，同樣可以一起生活在家中，因為家庭不
能絕後。這種情況在同樣施行多偶婚制的印度和尼泊爾極為常見，一
妻多夫的家庭往往因此成為多夫多妻的群婚制家庭。但尼村很多存在
這一困擾的家庭選擇了另外一種方式——私生子，以此解決子嗣的問
題。雖然現在公開的私生子已經絕跡，但隱秘性質的私生子現象已經
出現了。一些常年在外經商的男人在外地發展了婚外關係，甚至成家
生子，但原因不一定是自己的妻子不能生育。不管是過去還是現在，
面對丈夫的婚外性關係，大部分的妻子選擇了隱忍。在她們看來，這
是男人在外面的自由，自己無權干涉，更不會想到因此提出離婚。但
是，也有例外。5 年前卓瑪就是因為丈夫的婚外性關係離婚的，現在
的她已經重新組建了家庭，原來的丈夫也已經與另一婦女結婚，雖然
大家同住一村會時常碰面，但她對自己的選擇並不後悔。

　　納西族由於重視母系血統，移民融入藏族聚居區後也通行雙系繼
嗣制度，因此生育對婦女地位不具有決定性的作用。在父權得到確立
的怒族和獨龍族社會中，生育對婦女地位的影響是較為顯著的。怒族
婦女如果婚後不生育，或者不能生育男性後代，丈夫都有理由再娶一
個妻子。而在盛行妻姊妹婚並且重視勞動力數量的獨龍族社會中，生
育對婦女地位的決定性作用則更為明顯。在極端父權控制的「帕措」

與「戈巴」組織社會中，女性在社會中的地位也由其所生孩子的性別決定。當男子的妻子不能生育或生育不出男孩時，「戈巴」會議可以安排男子再娶，妻子及其家族成員不能對此存有異議。喪偶的婦女也由「戈巴」會議決定由哪位男子續娶或接收其家產。假如出現男女私奔並生育有男孩，那麼婦女所在的「戈巴」一定會出面盡力找回私生子，將其視為本部落的成員。由於出自同一父系「骨系」，同一部落的男女禁止通婚，違反者將會遭到驅逐、流落他鄉。儘管「戈巴」之間械鬥不斷，但出於對人口生育的重視，一般還是不會殺害婦女，但搶奪漂亮女性的現象十分突出。不少女子為求自保，大多出家為尼，以此逃避被搶逼婚的命運。[79]

五　避孕、流產與殺嬰

在計劃生育政策實施之前，對於新婚的夫妻來說，避孕幾乎是不用考慮的，夫妻之間，尤其是丈夫有同宿需要的時候，妻子必須予以配合；假如懷孕，那麼孩子就會順其自然地生下來。因此，雖然藏族群眾並沒有類似漢族文化那樣「多子多福」的生育觀，但由於對生育採取了順其自然的態度，因此女性的懷孕與生育次數都普遍較多。

戈爾斯坦和辛西亞 1985 至 1988 年在西藏牧區的調查結果顯示，帕拉牧區經產婦女 40 至 49 歲年齡段平均生育數為 5.9 個，50 至 59 歲年齡段平均生育數達 6.8 個；娘熱村農區經產婦女 40 至 49 歲年齡段平均生育數為 3.4 個，50 歲以上年齡段平均生育數多達 6 個。[80]綜

---

79 參見范河川：《父系原始文化的活化石——山岩戈巴》（成都市：四川大學出版社，2000年），頁30-31。

80 參見〔美〕戈爾斯坦、辛西亞‧M.比爾著，海淼譯：〈中國在西藏自治區實行的節育政策——神話與現實〉，《世界民族》1993年第3期。

合來看，民主改革前藏族婦女多育的原因主要有兩個，一是在自然生育模式下容易導致多育；二是生育年限持續時間長，其生育行為甚至可一直持續到 55 歲，而且生育高峰也寬於其它民族，從 20 至 45 歲均有較高的生育水準。[81]然而，由於自然條件的惡劣及醫療衛生條件的限制，藏族聚居區的人口死亡率卻一直居高不下。有資料顯示，僅在民主改革前的 100 多年間，藏族人口較過去減少了 3/5。[82]與此同時，由於受到生存條件的限制，對人口增長的控制手段也一直存在著。據記載，藏族很早就掌握了使用藥物控制生育的技術[83]，但在民間並不十分通行。為了避免生育過多的人口而增加生活的壓力，有的家庭會安排子女晚婚，以達到控制人口的目的；而已婚夫婦則通過按性別分開休息的方式或儘量減少同房的次數，以達到避孕的效果。次姆奶奶向筆者談過從前人們對生育子女的痛苦與矛盾：

> 以前不曉得避孕這些啊，都是有了就生，我們那哈（那個時候）生七八個、10 多個的人多得很，一般生下來的娃娃死掉（夭折）的很多，生 10 個麼怕要死掉四五個。我有個舅母生了 10 個，實在養不起了。（聽她說）有一次她懷孕了還沒生就找了個人，喊人家等她生下來不管是男是女都拿克（去）丟在金沙江裏。（但是）等孩子生下來（以後）睜著圓圓的眼睛看著她，她又心軟了，說好的人也來了，她又捨不得丟了，後來麼（孩子）還不是長大了。[84]

---

81 參見楊書章：〈西藏婦女的生育水準與生育模式〉，《中國藏學》1993年第1期。

82 參見謝成範：〈西藏的醫療衛生事業和高原病研究的成就〉，《中國藏學》1991年第2期。

83 參見方鐵：〈南方古代少數民族婚育習俗面面觀〉，《民族藝術研究》1999年第1期。

84 訪談時間：2010年8月。

45 歲的拉初大姐也向筆者說起她奶奶從前的親身經歷：

> 我奶奶以前也是生的娃娃太多，養不起了。她講，有一次家裏的小牛死了，她就說，小牛不要死就好了，剛生的這個（孩子）死掉就好了，不能幹活還要吃飯。[85]

此外，由於哺乳期的女性月經受阻，因此通過延長給嬰兒哺乳的時間也可以巧妙地達到避孕的效果，有的婦女為了不懷孕，甚至給孩子餵奶長達好幾年。在計劃生育手術施行之前，通過各種方式達到的避孕效果控制了人口的出生率，確保了當地人的生活品質，因此也對其婚姻和家庭的穩定發展起到了積極的作用。除了過多人口造成的生育壓力之外，藏傳佛教的生死觀無疑也對藏族群眾的生育觀念產生重要的影響。在佛教宣稱的「人生八苦」中，出生即為八苦之首，由此還形成了對於生育的諸多消極認識：

> 生育即是煩惱；養兒育女是莫大的累贅；獨生子長大了宰牛殺羊，女兒長大了踩踏蟲蟻，都要傷生造孽。把生殖或不生殖視為前世注定，自作孽、自受果，或前世冤孽，由不得自己。還認為即使無兒無女，家產盡數捐獻給寺院，正好為來世積福積德，與其拖兒帶女無盡煩惱，莫如多念佛經，既受人尊敬，自己也來世幸福，還使父母死後少受苦。[86]

受到這些因素的影響，人們對生育的控制一直在矛盾中進行。隨

---

85 訪談時間：2010年9月。

86 穆赤‧雲登嘉措：〈藏傳佛教信眾宗教經濟負擔的歷史與現狀〉，《西藏研究》2002年第1期。

著計劃生育政策的實施及當地社會經濟的發展，自然生育現象得到了更好的控制。近年來，很多年輕的夫妻並不急於生育，而是採取了一些有計劃的節育方式。一位年輕的女報導人在剛結婚 3 個月的時候，有一次和筆者談起了生育的事情。她表示自己和丈夫因為兩地分居而且工作較忙，暫時還未考慮生育的事情，家人也沒有催促。在與筆者一同外出的路上，她就曾悄悄購買過避孕的藥具。

　　自然流產的情況雖然不算普遍，但數量也不少。婦女的流產被認為是一件再正常不過的事情。雖然造成流產的原因很多，但大部分情況下責任都會落到孕婦的身上。流產之後的婦女大部分得不到很好的關照和休息，加上流產造成的心理打擊，她們會感受到其它人難以體會的痛苦。追瑪大姐曾經流產過兩次，直到現在也沒有孩子，這件事讓她傷透了心：

> 流產麼家裏人老是（一般）都不會重視，都認為掉了還會有的。但是，也有些人以後就不會有了，有了就掉，老是（一直）懷不上了。[87]

新婚不久就懷孕的旺姆也曾經經歷過流產的痛苦：

> 我有一次流產的時候還在地裏幹活，感覺褲子全部濕透了，全身發冷。之後感覺有個東西掉了出來。後來就什麼都不知道了，昏了多久都記不得（不知道）。後來是其它來地裏的人看見才喊我們家的（人）給背回去。回克（去）也某（沒）咋個（怎麼）休息，第二天又開始幹活了。[88]

87　訪談時間：2010年7月。
88　訪談時間：2010年8月。

反覆流產讓不少婦女傷心不已，為了盡快地再次懷孕，當地甚至流傳一些特殊的求子方法。從事婦女工作多年的阿追大姐告訴筆者：

> 流產麼現在倒是不多了，以前還是多呢。如果流的次數多的人麼，生娃娃的時候就要找不有（沒有）流產過的人的娃娃穿過的衣裳來（給自己的娃娃）穿，這樣才好。[89]

對於流產的原因，婦女們有這樣的看法：

> 流產麼還是有的，有些人是忙起（著）做活不注意，有些人麼是身體不好，我表妹去年還不是流產的了。流了麼還是會給她休息一段時間，不過麼不可能給她（象生小孩那樣）休息一個月，營養的東西麼還是給她吃的。[90]

從本書關注的 4 個民族來看，刻意的流產與殺嬰現象在過去是存在的，但並不普遍，現在更為少見。計劃生育政策實施後，作為生育控制手段的流產出現了，女性的身體也隨之成為檢驗國家政策落實程度的對象。為了確保男性的勞動力不受影響，節育手術大多施於女性身上。根據當地計生部門和衛生院提供的資料，在 2009 年奔子欄全鎮實施的節育手術中，男性為 23 例，女性為 41 例，此外還有因計劃外懷孕實施的人工流產和引產 11 例。[91]總之，在整個生育過程中，女性需要經歷複雜的心理感受，同時還需要承受巨大的壓力與痛苦，但家人和社會能夠給予她們的關愛極其有限。

---

89 訪談時間：2010年8月。

90 訪談時間：2010年9月。

91 資料來源於奔子欄鎮政府2009年計劃生育統計資料。

第三節　轉生安魂：生命的消逝與身體的處理方式

　　死亡代表著生命和身體的消逝，喪葬儀式與禁忌體現了不同民族對待生命與生死的觀念以及對男女兩性身體的不同認識，同時還折射出一定的社會性別權利與政治結構。

一　無常輪迴的藏族多元喪葬儀軌

　　藏族群眾篤信的藏傳佛教對生命的獨到見解，對信眾的生死觀產生了決定性的影響——「佛教把生和死看成一體，死亡只是另一期生命的開始。死亡是反映生命整體意義的一面鏡子。」[92] 在佛教的觀念體系中，生死即是無常，無常即是苦。認為生死在一個人的生命中不間斷地輪迴，因此死亡並不是生命的結束，而是生命的另一種形態的開始，也就是來世。因此，人的肉體會因死亡而分離，但靈魂不會因為分離而消失，不能成佛的眾生於是遵循著前生所做的善惡之「業」的後果，進入六道輪迴。

　　為了在來世獲得「善報」，今生就必須實踐「善行」。蓮花生大師在《中陰救度經》中對生命存在的意義提出過警示。[93]《中陰救度經》中羅列了藏傳佛教中各種繁雜的致祭儀軌，這些儀軌無一不在向信眾傳遞著生命永恆與輪迴的生死觀，引導著人們在平靜與喜樂之中進入來生的世界。這種沒有終點的生命觀將人們對死亡的恐懼降到了最低點，也為肉體的消逝找到了最佳的解釋之道。筆者曾與當地的村

92　〔美〕索甲仁波切著，鄭振煌譯：《西藏生死之書——藏傳佛教生死觀》（北京市：中國社會科學出版社，1999年），頁18。

93　參見蓮花生著，徐進夫譯：《西藏度亡經》（北京市：宗教文化出版社，1995年），頁8。

民多次談起過死亡的話題，他們的回答讓我感受到信仰對其生死觀念所產生的巨大影響。

按照六道輪迴規則，人們便被套在一圈又一圈的生閉環之內，不可逃遁出離。正如蓮花生大師的訓令所言，今生的「行善」是進入往生極樂世界的必經之路。「行善」的首要任務是遵從自己的個人職責，信守諾言及樂善好施；並且不斷地投身於宗教，拜佛明理，以期逃出六道輪迴之苦。這種「個人職責」即包括了對性別制度的遵從以及對性別職責的履行。對女性而言，承認自身的「污穢性」，並嚴格恪守作為女性的信念，用自己一生的努力和行善來獲得來生的好運，幾乎成為她們對生命和身體根深蒂固的認識。藏傳佛教通過各種途徑、多種形式對「六道輪迴」學說進行宣傳，使得這一不易被理解的深奧宗教義理成為藏族聚居區幾乎人人皆知的大眾佛學知識。[94]

藏傳佛教信仰貫串著整個喪葬儀式的始終。因為多樣、獨特及複雜性等特徵，喪葬被認為是藏族人最有特色的民俗之一。在這種信仰中，人體被認為由土（地）、水、火、風四大元素組成，死亡正意味著這四大元素的分離，肉體從此不能承載靈魂，靈魂因此必須進入往生之路。因為靈魂可以「不生不滅」，因此死亡的人也可以再次轉世投胎，進入下一個生命的輪迴。死者的親人和朋友的善行可以幫助其轉生，具體方式包括向僧侶供奉物品、向乞討者和需要幫助的人進行布施和捐贈等。

尼村藏族群眾的喪葬儀軌與藏族聚居區其它地方大致類似，但唯獨沒有天葬葬俗。村裏人告訴筆者，尼村沒有天葬不是因為他們不想為死去的親人執行這種可以讓靈魂直接升入極樂世界的喪葬儀軌，而

---

94 參見尕藏加：《藏區宗教文化生態》（上海市：社會科學文獻出版社，2010年），頁 18。

是因為尼村位於沒有禿鷲棲息的谷深之處，因而無法行使天葬。但再往北一些的地區，逝去的親人是可以進行天葬的。

　　死者的喪葬方式及喪葬時間主要由喇嘛及曆算師來決定。選擇的依據一般包括死者生前的願望、屬相、年齡及其家庭成員的屬相和更多的信息。土葬是當地最為常見的，對年老而逝者和中青年人同樣適用，但關鍵在於死者是否有子嗣。那些沒有後代的死者，他們的屍體將會被拋入江水中，實行水葬。2010 年 8 月的一天，正在村裏調查的筆者突然得知一個驚人的消息：有兩位女性在同一天去世了，一位是年過七旬的老奶奶，一位是不滿 40 歲的久病婦女。去世的老奶奶享年 73 歲，去世當天的早上還在離家不遠的地方割豬草，但身體不適多日的她很快感到頭暈目眩，隨後自己慢慢地走路回家休息，可她才躺下沒多久就去世了。對於她的死亡，村民們認為是一種「正常」的生命消逝過程，因為她年事已高，並且並不是死於一些「非正常」（如自殺、他殺、暴病等）的原因，因此家人為她選擇了土葬。逝於同一天的 39 歲婦女拉木，則被安排了另外一種喪葬形式——水葬，因為她屬於因為意外或病患等原因「非正常」死亡的中青年人，並且沒有後嗣。她的家人告訴筆者：

> 去年她老公病死在四川那邊，死的時候她都不在。姑娘麼從 2 歲多就病，一直病，去年也死掉了。她媽媽也是去年死掉，（因為）接連受著打擊。她也是一直病起（著），中甸、大理、昆明都去看過了(也沒用)，（像）她這種（情況）就要水葬了。[95]

---

95 訪談時間：2010年8月。

　　實行土葬者，家人會在家門口用白色的石灰畫上兩條白線，與家門等寬，並在有坑的地方或是岔路口，用白色的線條隔斷。這是引導亡靈往生之路，亡者將順著這條路前往往生的地方，與生者永不相見。土葬的儀軌則包括喇嘛的超度、淨身、入棺、停棺、出殯、入土等環節。死者入殮使用的棺材必須是在死者死亡現場製作而成。這種被稱為「神仙房屋」的棺材有異於常見的「前大後小」的階梯狀棺木，是一種四面寬度均為 45 公分左右、高 90 公分左右的四柱八樑的長方體棺櫃，外面描畫彩繪或雕刻各種吉祥圖樣。入殮的死者屍體也要經過特殊的「姿勢」處理——屍體將被放置為雙手交叉於胸前、雙膝併攏的姿態，全身用繩子捆住，呈現未出生時尚在母體中的「胎兒」形態，然後被放入特製的白布口袋內，再置入棺中。這樣的姿態預示著其生命將進入下一個輪迴。為使死者順利轉生，在抬棺送葬的途中，必須要保持死者背前面後的倒退路線，這樣才能與其退出此世進入來世的方向相一致。

　　水葬在江邊的水葬場舉行。根據類似於土葬死者的處理方式，送葬隊伍將已經淨身和入殮棺櫃的屍體抬到江邊，由水葬師開棺取屍，分解成塊，再拋入江中的漩渦處。整個過程伴隨著念誦經文的超度過程，然後在分解屍體的地方插上經幡旗。假如死者死於非命，那麼屍體將面朝上方，屍身則由一塊大石頭拴住，使屍體沉入水中為魚所食。這樣的做法被認為可以幫助死者的靈魂順利轉生。

　　家中如有老人去世，直系親屬 49 天內不能梳頭、不能穿新衣服，也不能唱歌、不能跳舞，不參加任何娛樂活動。為死者戴孝，也有不同方式。一般的守孝人 49 天之內不戴帽子、不理髮、不穿新衣、不參與娛樂活動，婦女不更換頭飾。在家除做法事外，每天還應舉行向死者送食的燒施儀式。為父母或上師戴孝，孝期一般為一年，戴孝人一年內不穿新裝，更不能參加與佛教無關的娛樂活動。二次葬

一般在土葬之後的 35 年間進行，已經埋入墳塋的死者遺骨將被重新取出，再次舉行誦經超度儀式，然後將屍骨火化，撒入江中或帶到神聖的雪山地帶拋撒，以助死者轉生。除去常見的土葬之外，也有一些人會在生前自己選擇喪葬方式，家人必須遵從其意願。24 歲的那姆向筆者描述了嫁給兩兄弟的奶奶的去世與葬禮的過程：

> 我奶奶去世的那天只有我在她的身邊，我害怕得要命，但某得（沒有）辦法，大人些（們）都出去了，只有我在家。奶奶那時候已經病了一段時間了。說是病，也不知道是什麼病，也沒去醫院檢查過，因為她本人不願意去，所以就一直在家躺著。那時我的兩個爺爺（奶奶的兩個丈夫）已經都不在（去世）了，她就和我們一家在一起過。那天早上我還給她送了酥油茶和餅子，她吃了一點。沒多長時間我就聽見她在叫我了。她說，那姆，你趕緊過來。她喊我的聲音已經沒有力氣了。我跑到床邊，看見她的臉色在變，我嚇哭了。我那個時候才 11 歲啊。我一邊哭一邊叫她：「奶奶，奶奶。」但她已經回答不出來了，只是嘴裏哼哼著什麼，眼睛不知道在看什麼地方。我拉住她的手，慢慢地她沒有聲音了。我才趕緊去找我爸爸媽媽回來。水葬是奶奶在（生前）的時候自己定的，因為我奶奶特別愛乾淨。她說水葬最乾淨，但是不要宰（分割屍體）了。她很瘦，葬禮那天我們就直接放（入水中）了。[96]

少女那姆的經歷反映了一個未成年的孩子對死亡的恐懼與認識，同時也反映了當地人對喪葬方式選擇的包容性及新的理解。在這裏，

---

96 訪談時間：2011 年 1 月。

水葬已經突破了原先對其「不祥」與「非正常」的負面界定，成為某些死者的自願選擇，葬禮的儀軌也可以依照死者的遺願進行適度的調整。

除去土葬與水葬之外，尼村還存在著少量的樹葬。這種葬式常見於夭折的嬰幼兒和未成年人，也有部分經由占卜之後認為「不願入土，也不願入水」的死者選擇這種喪葬形式。樹葬的死者也需要經過淨身，並放入前文介紹的長方體棺櫃中，放置在森林中選中的一處樹杈上，讓屍體自然風乾。若是幼童，則只是將屍體放入白布袋中，置於林中的樹杈之上。37 歲的曲珍曾經歷過兩個孩子的夭折，現在他們的屍體都放置在樹林裏。然而，樹葬並不是人們處理夭折孩童的唯一方式。42 歲的阿初大姐的表妹也剛剛經歷了喪子之痛，但表妹家夭折的孩子採取了另外一種處理方式：

> 我家有個表妹去年懷孕，在我們這裏打 B 超，打不出有什麼問題。後來到中甸打了（B 超）說是營養不良，她懷孕老是（經常）吃不起（下）東西，小娃娃麼生下來就不行了。後來又轉到昆明去養了 20 多天，麼也就是吸氧，想想也某得（沒有）意思麼又拉回來，過了幾天不給娃娃吸氧麼一哈（一會兒）就不在的（夭折）了。像這種娃娃早早不在（夭折）的情況麼，如果還想生（孩子）的話麼，就不能挨（把）他（她）埋在家裏或者附近，要找個比家（屋子的位置）高的地方埋起（來）才行。[97]

目前，樹葬在我國已不多見，尼村一帶是藏族聚居區少數幾個存

有樹葬的地方之一。隨著孩子死亡率的大幅度降低，樹葬是各種喪葬形式中數量銳減的一種。並且，隨後出現的對夭折孩子所進行的土葬行為，表現出當地人對土葬有異於藏族聚居區其它地方的理解與實踐，並反映了當地族群往來與文化變遷的風貌。

尼村一帶，火葬一般僅適用於僧人和尼姑；而塔葬，則只是極少數的活佛和高僧大德才能享有的特殊喪葬形式。無論哪種形式的葬禮，親密的親屬都不會到葬禮的現場，因為擔心死者會掛念親人，不能及時轉生；尤其是女人，絕對不能到天葬臺的附近，因為女人身上的晦氣據說會影響死者的靈魂投生轉世，對整個葬禮造成不良的影響。

與出生禮一樣，葬禮同樣會帶給人們不潔的污穢之氣，因此必須進行淨化和清除。當葬禮結束後，參加葬禮的人返回家中，進門前必須將雙手洗淨才能進屋；葬禮上使用過的各種物品及禮品也要煨桑淨化。在為逝去的親人尋求轉生之路的過程中，男女之間的性別差異得到了最大限度的削弱，取而代之的決定因素集中在死者的年齡及死亡方式上。在尼村往北可以實行天葬的地區，對屍體進行處理的性別等級觀念仍然存在，天葬臺有上中下之分，上臺供喇嘛使用，中臺供男性俗家使用，下臺供婦女使用。[98]

對於已經死去的人，人們必須有所避諱。這種避諱尤其發生在死者親屬在場的場合。首先是不能再稱呼死者的名字，必須用其它方式表述。假如死者是有子女的老人，那麼可以某某的爸爸、媽媽或爺爺、奶奶稱呼，故意稱呼死者名字的做法被認為是對死者親屬蓄意的侮辱和挑釁，其家人會視之為莫大的恥辱，絕不善罷甘休。假如附近還有與死者同名的人，在稱呼時也要多加注意，尤其要在其家人面前避諱。此外，與死者有關的聲像物品也要避諱觀看，如照片和畫像等。

---

98 參見張傳富：《雲南藏族人口》（北京市：中國統計出版社，1994年），頁11。

對死者的避諱，源於人們對生命輪迴和轉生的認識。不斷提及死者的名字和生前的事情，被認為是會影響死者轉生投胎的無益之舉。假如死者聽到了，那麼他將難以擺脫前世的困擾，無法順利進入往生的世界。例如，一位報導人的父親已經去世很多年了，但她從未在筆者面前提過她逝世的父親，筆者也不能直接向她提起，否則將是對逝者和她本人的一種不尊重。甚至對於親人之外不知名的死者的屍體，也必須慎重對待，否則將會遭到上天的懲罰。那姆就曾經向筆者講述了自己村子裏發生的一件怪事：

> 聽說身上有錢的人死了（以後）掉到水裏衣服褲子帽子都不會被（水）沖走沖爛。我們下面（村裏）就（有人）撈到一個身上（帶）有 10 多萬（元錢的人），撈到的人原來說要好好安葬這個人，但是他把錢用光之後沒有兌現承諾就把人拋到江裏，結果拋了 3 次人都不走（沒有沖走）。他請活佛算了（卦），（活佛）說（這）是（因為）他沒有兌現承諾，結果他生了一場病用掉了七八萬（元錢）還不（沒有）好，最後還是買了一副棺木把人安葬了（他的病）才慢慢好了。[99]

對於死去的人，年幼的孩子最好避免直視，否則也可能出現不好的情況：

> 小孩不能看死人的，不然就不會說話了。我們那裏有個溫泉可以治病，小孩如果放到水裏他會害怕，他開口叫爸爸媽媽的時候一定要答應，他的病就會好，不然他就不會說話了。我們村

---

99 訪談時間：2011年1月。

有個小孩就是這樣的。[100]

對死者的避諱行為並不存在性別差異，因為人們認為死者已經擺脫了前世的身體進入往生，而已經轉世的靈魂將會成為男性還是女性的身體已經完全無從知曉。

二 轉生回魂的納西族葬俗

中甸三壩一帶的納西族在人臨死前要把米（男性 9 粒、女性 7 粒）、少量茶葉、銀子等物放入死者口中。死者斷氣時，家人用吹牛角號或放火槍的方式向全村人報喪，每戶村民須盛一碗飯，上面放上一個雞蛋送至死者家祭奠。死者由子女負責清洗，並在全身塗上酥油，穿上新衣（富者穿綢緞、貧者穿布衣），然後用白色毯子覆蓋。之後殺一隻雞放於死者靈前（男性放公雞、女性放母雞），點燃一盞油燈伴靈。之後請東巴為其念經，追述死者身世和經歷，超度其升入極樂世界。一首《送葬歌》這樣唱道：

> 你離開了可愛的家鄉，
> 就要到別的地方，
> 別的地方再美，
> 也不如自己的家鄉。
> 你到了別的地方，
> 回頭望一望自己的家鄉。
> 家鄉山上的松柏青青，

---

100 訪談時間：2011年2月。

家鄉山上的石頭都是黃金。

你去到新的地方，

記住你出生的家鄉，

地像斑斕的虎皮一張，

房屋像美麗的金碗倒放。

願你的生命像竹子一樣，

來年再在這裏生長，

永不離開自己的家鄉，

時時保祐自己的鄉親。[101]

　　納西族的葬式主要是土葬和火葬，依照死者遺言進行選擇。送葬時選擇幾件死者生前使用過的生產、生活用具（男性為斧頭、砍刀、弓弩、煙斗等，女性為鐮刀、碗、梳子等）和一些稻穀等糧食放在籃子內，土葬時撒在墳堆四周，火葬時撒在火葬場上。葬禮過後第二天，家人攜帶雞和香燭紙錢到墳墓祭祀，並給死者添土超度，之後家人外出躲避 3 天，好讓死者「回魂」。葬禮過後的第二年 10 至 11 月間需要給死者舉辦 3 天 3 夜的超度活動，屆時需替死者準備馬匹（男性 9 匹、女性 7 匹），其中一匹不騎人，留給死者，親屬則向這匹馬叩拜。在活動場地中央，用稻草模仿死者的樣子紮個草人，穿上衣服，旁邊放置死者生前的用具，待東巴念經超度完畢之後焚燒草人。在超度活動舉辦期間，死者直系親友須殺豬宰羊宴請賓客，花銷不小。[102]目前，巴塘白松鄉納西族的喪葬習俗已基本上與藏族相同，葬

---

101 張信、楊多爾、多比茸：〈送葬歌〉，《華夏地理》1985年第4期。

102 參見《中甸、維西納西族婚喪習俗》，《民族問題五種叢書》雲南省編輯委員會、《中國少數民族社會歷史調查資料叢刊》修訂編輯委員會：《納西族社會歷史調查》（一）（北京市：民族出版社，2009年），頁57。

式除土葬外，還有水葬。[103]

三　性別差異分明的怒族葬俗

怒族的生命觀較為樸素，認為人的生命由神決定，自身能做的唯有祭祀神靈。怒族社會早期盛行火葬，後逐步轉變為土葬，考古人員曾發現過怒族地區遺留的火葬場。[104]怒族的墳地沒有固定地方，一般距離村莊和房屋不遠，因支系不同，葬俗存在差異。比較常見的是木棺葬，男性為直身仰臥狀葬，女性則為屈肢側葬。如果是夫妻合葬，則婦女須面向男子屈肢，體現婦女屈從於丈夫的家庭地位關係。 死者放入木棺埋入土中後，一般要在墳丘後立一根木杆，上面掛上死者生前使用過的隨身挎包，內裝其生前的日常用品。男子的日常用品一般為箭包、煙斗等，女子的日常用品則是紡織工具，供死者到陰間繼續使用，完成各自的性別使命。

按照怒族的葬俗，成年男性死亡，都要使用竹號報喪，送葬時也要使用竹號驅鬼送魂。聽到竹號聲的村民都會停止手上的活計到死者家中弔唁參加葬禮。使用竹號的只數和吹奏的次數與死者的性別和社會地位相關。對男性而言，未婚者去世，喪葬中單管獨鳴；已婚而無子女者去世，雙管齊鳴；已婚並有子女者去世，三管齊鳴。如遇巫師和頭人去世，管數和吹奏次數更多。但婦女和兒童死亡時均不吹奏竹號。人們對此的解釋是，婦女和兒童的亡魂有過世的父兄長輩迎接，無須再為她們的靈魂驅鬼開路。怒族的傳統宗教觀念還認為，男性的

---

103 參見《白松鄉納西族社會歷史調查報告》，見中國人民政治協商會議甘孜藏族自治州委員會：《甘孜州文史資料》（第十八輯）（2000年）。

104 參見雲南民族事務委員會編：《怒族文化大觀》（昆明市：雲南民族出版社，1999年），頁16。

靈魂有 9 個，女性的靈魂只有 7 個；男性的九魂會升到九重天，女性的七魂卻會下到七層地。因而，在出殯時男屍要繞房 9 圈，女屍只要繞 7 圈；在下葬時，巫師要為男性死者動 9 鋤土，而為女屍只需動 7 鋤土。[105]

四　儀式從簡的獨龍族葬俗

獨龍族的葬俗主要有水葬、火葬和土葬三種形式，其中以土葬為主。火葬和水葬則適用於傳染病患者，方法是將死者與其住屋一起點火燒掉或將屍體拋在獨龍江裏。成年人死後屈肢側葬於家族墓地，孩子死後埋於屋後，凶死之人丟入江中。獨龍族沒有固定的墳地，也沒有夫妻共葬的習俗。今年的墳墓，次年又和平地一樣開種。獨龍族沒有祖先崇拜習俗，人死後不久便被遺忘，也沒有戴孝習俗。

獨龍族土葬的一般儀軌是：人死後停放在其平時睡的地方，一晝夜內出殯。死者雙手抱一隻雞或握一個雞蛋，屍體用麻布包裹。棺木為呈箱狀的長方體，也有用竹篾棺的情況。葬式為屈肢側身，按照不同性別側於不同方向：女性身體側向西方，表示歸於西方；男性身體側向東方，表示歸於東方。其時家族成員及遠方親友都要來送禮，如送糧食、酒、肉之類，放在屍體頭部前方的小筐子裏等待隨葬。家族成員及親友會幫忙處理喪事。人死的當晚，屋內生火通宵不滅，以防止「鬼」來啃噬屍體，且有一個人在屋外大喊，意為「人骨鬼吃不下，鬼會全死的」。第二天清晨（太陽即將升起時），由一個有經驗的人到屋外去看墳地（以最先能看到太陽為好），墳地一般距離房屋 5

---

105 參見何叔濤：《雲南民族女性文化叢書‧怒族——復蘇了的神話》（昆明市：雲南教育出版社，1995年），頁16。

公尺左右。然後大家動手挖坑，墳坑為長方形，深度為 1 公尺多。按
照習俗，死者的棺木不能從房屋大門抬出，必須從住房內部撬開地
板，從地板下面抬出。這樣做被認為可以避免家中繼續出現死人的
情況。

墓地一般選在半坡地帶，前面是開闊地，墓地挖成長方形，然後
放入棺木。也有的根據屍體的大小，將木板鋪於墓穴之內，四邊再插
入木板，將屍體屈肢放入棺內，蓋上木板。屍體下葬要由親人動手填
土，沒有墳堆。自其下葬之日起，要連續在墳前點 10 天火，並砍一
根竹子折為兩半，一半插入墳上，一半插入屋內，以防「鬼」的侵襲。
參與埋葬活動者，事後都要到河邊洗腳以防止「鬼」附身。隨葬品具
有鮮明的性別特徵，假如死者為男性，就要將其生前使用的弓弩之類
的工具作為陪葬，女性的陪葬物則是其生前每天使用的紡織工具。埋
葬時由老人在墓前默念咒語、揮刀驅鬼、劃定墳圈，然後才平土。

死者埋葬之日，全家族成員停止勞動，否則認為山上會滾石或死
人。第二天即照常生產。第三天便由死者的家屬帶領村人到自家倉房
中取糧食做酒（若自家不夠，則由親人幫忙支出），約七八天即可以
做成。酒做成後，便請家族成員及親友、巫師來食用，如有條件，還
要殺豬宴請眾人。家族成員及其親友也會送一點禮物，大家共食。酒
從下午開始喝，一直到喝完為止，有糧食的人家做的酒比較多，可以
喝兩三天。喝酒時，要分一份給死者，同時村中的老人也會另外做些
食物送來。在巫師念經後，這些酒與食物一起埋葬在墳墓裏，此後家
人便不再祭祀。[106]

回顧上述 4 個民族的個人生命歷程，從中不難發現「男女有別」

---

106 參見〈雲南省貢山縣第四區獨龍族社會經濟調查總結報告〉，《民族問題五種叢
　　書》雲南省編寫組、《中國少數民族社會歷史調查資料叢刊》修訂編輯委員會：
　　《獨龍族社會歷史調查》（二）（北京市：民族出版社，2009年），頁25。

的身體觀念貫串著每個人生命的始終，並體現了鮮明的性別差異。兩性的身體從出生開始即被打上不同的符號標記，並被區別對待，這種差別在身體的第二性徵發育成熟之後達到頂峰。依照與生俱來「污穢不潔」的性別特質與文化象徵，女性在社會生活中開始受到種種限制，並須遵守種種禁忌，而男性卻不受性別規範的約束。對女性身體的禁忌在生命消逝時開始逐步衰退，但仍然存在，直至屍體處理完畢。同時，多偶制家庭成員在這一方面沒有明顯的特殊性，他們與其它社會成員一樣，恪守著相同的生命禮儀，但其身體承載著不同的生命意義。

第四節　休閒時空中的社會性別權利

一　身處信仰等級中的藏族婦女

作為一個全民信仰佛教的民族，對宗教虔誠的奉獻以及精神生活的修行，是藏族群眾共同的祈願與訴求。朝聖是對宗教與信仰精神追求的集中體現。受到「內外」認識與「污潔」標準判斷的影響，性別化的空間觀與身體觀也充分體現在神聖空間的宗教信仰活動中。尼村藏族群眾的宗教信仰活動種類多樣，按照空間範圍可以大致分為三種類型，即家中的煨桑與誦經，轉經、轉山與朝觀，祭山與朝佛。三者舉行儀式的地點不同、方式不同，所具有的影響力也存在差異，對男女兩性也存在不同的性別規範。

（一）煨桑與誦經

煨桑被當地人稱為「桑薩」，這是每個家庭每天清晨必須進行的一種敬神儀式，起源於藏族聚居區古老的苯教。據說蓮花生大師進藏

傳法時，在山南桑耶那地方遇到苯教的教徒向他煨桑致敬，因此將其納入藏傳佛教教法。當地人認為，熏燃煨桑，通過嫋嫋上陞天際的桑煙可以溝通神與人之間的信息，因此在藏族聚居區廣為流傳。[107]此外，煨桑舉行的場所不一定局限在家中，神山、寺院、瑪尼堆等供奉神靈的場所也可以舉行煨桑。

家裏的煨桑儀式一般由老人和長輩負責，對煨桑者的性別沒有嚴格的限定和要求。時間一般在每天清晨天剛亮的時候，地點都在家中屋頂平臺的白塔處。這個白塔實際上是個焚燒爐，通過在爐膛內燃燒特定種類的植物、食品甚至藥品或礦物，使其產生的桑煙從側面設置的煙囪排出，達到溝通人神的目的，煙囪設置的方向一律朝向尼村西南方向的卡瓦格博神山。

尼村藏族群眾煨桑的常見材料主要是松柏枝，以及三種燃燒的引子，即生米、小麥以及一種被當地人稱為「都滇木魯」的橘黃色萬壽菊花。引子在使用之前必須曬乾、碾碎，混合在一起備用。未煨桑的時候先點燃松柏枝，然後逐步將引子撒入其中，使得產生更多的桑煙。不過，引子的配方也不一定局限於以上三種材料，經濟條件好一些的家庭也時常將酥油、青稞、青稞酒、芝麻等較為昂貴的材料加入其中，以提升引子的品質，產生更多的桑煙。煨桑者在儀式過程中需要念經祈福，希望以此達成心願。下面記錄的即是一段當地人經常使用的祈願經文，其中表達了人們最為平常的美好心願：

> 唵嘛呢叭咪吽（藏傳佛教六字真言），
> 松吉拉交松青（佛祖吉祥如意），
> 取拉交松青（你也吉祥如意），

---

107 參見白玉芬：《藏族風俗文化》，（拉薩市：西藏人民出版社，2007年），頁49。

喇嘛交松青（喇嘛們也吉祥如意），

格待交松青（高僧們也吉祥如意），

姆青卡瓦格博拉交松青（神聖的卡瓦格博也吉祥如意），

帕瑪直來蘇如古（希望我能報答父母的養育之恩）。

利朗角如古（希望事事順利）。

森吶其真呢其日如古（希望心想事成）。[108]

煨桑過後，還需要給家裏的經堂供奉淨水，祈願新開始的一天平安順利。淨水使用專用的淨水杯（與跳古）盛放，水是一般家中的自來水或井水。日落之時，需要把淨水倒掉，點燃供桌上的酥油燈（曲姆），預示著一天即將結束。淨水杯和酥油燈的數量都是單數，常見的為 1、3、5、7 等，點燈則使用專用的菜子油。

誦經一般都在家裏的經堂進行。經堂是每戶人家必須布置的一個神聖空間，一般設在家中房屋的頂層。這樣的安排既符合人們對神、人、畜三界的空間認識，也符合神聖與世俗、潔淨與污穢的空間理念。經堂是人們寄託信仰的空間，同時也是集中彰顯家庭財富的地方。一些富裕人家的經堂裝飾精美，富麗堂皇。經堂的格局大多類似：靠牆定做的藏式佛龕中央供奉著釋迦牟尼像，旁邊放置著班禪大師的照片，部分人家的經堂內還懸掛著唐卡。佛龕下方的供桌上，各種貢品、黃銅打製的酥油燈和淨水碗一字排開，擺放整齊。經堂的布置需要大量的資金，不少人家的經堂甚至花費達一二十萬元。

在家裏誦經的主要是老年人和特邀上門做法事的僧人。誦經的時間是不固定的，只要誦經者願意，都可以到經堂誦經。各種經書、經卷和經板也都存放於經堂之中。除此之外，經堂是個寂靜而神聖的場

---

108 筆者記錄，感謝次里卓瑪的翻譯與校對。

所，房門緊閉。經堂對女性的禁忌是存在的，尤其是月經期和剛剛生產完的女性由於身上污穢不潔，是絕對不能進入經堂的；否則，將會玷污神靈，甚至招致厄運。

（二）轉經、轉山與朝覲

人們在家戶空間以外進行的宗教儀式與實踐活動主要包括三種，即轉經、轉山和朝覲。轉經，當地人稱之為「估讓估」，是藏族群眾圍繞特定路線所進行的行走與祈禱活動。轉經可以某個實體的寺院、經堂、白塔等宗教建築為中心，也可以圍繞以某個宗教建築為中心的相對寬廣的地區，甚至圍繞範圍更廣的神山聖地進行。散佈在村落中的數座白塔和瑪尼堆為老年人提供方便的轉經之地，村中常設的公共經堂則為聚集於此的老年人營造一個信仰的聖殿。

村中的佛塔殿是村民轉經的主要場所之一，這座始建於清代的轉經堂因為保留了珍貴的宗教壁畫而成為雲南省認定的重點文物保護單位。轉經的首要規則是必須按照順時針的方向進行，其次是必須完成完整的圓圈，否則就是不圓滿的；依照轉圈的範圍大小不等，可分為內圈、中圈與外圈。這種儀式實際上體現的是佛教密宗義理所包含的理想宇宙觀──壇城。理想的轉圈數仍然是單數，如 3、5、9 甚至更多，受到這種數字文化的影響，周一與周三、初一與初五等也被視為吉日，適合前往朝聖。

在當地人看來，轉經並不需要特別的準備，也沒有性別和年齡的限制，只需要帶著虔誠的心和純淨的信念前往即可。轉經體現了身體對信仰強烈的依附與承諾，轉山和朝覲也一樣，誠心和毅力遠比其它形式更為重要。這三種信仰實踐通常被人們用來表達堅定的信仰與持久的信念，也因此成為延續與傳承其信仰的重要途徑之一。距離尼村幾個小時車程之外就是位列藏族聚居區八大神山之首的卡瓦格博神

山，這裏每年吸引的轉山者多達數十萬人次，尤其是在卡瓦格博的本命年羊年，朝聖者更多。就在筆者開展調查的 2011 年，卡瓦格博又吸引了更多的朝聖者，因為人們聽聞在甘肅舟曲泥石流和青海玉樹地震中倖存的人群中大部分都曾經朝聖過卡瓦格博，朝聖的人數因此與日俱增。轉經、轉山與朝覲在藏族群眾心中的重要性可見一斑。埃克瓦（Ekvall）就指出了這種通常被外國旅遊者所忽略的轉經活動的重要性。[109]

同時，藏族群眾的轉經活動還體現了鮮明的性別特徵。馬克里（Makley）在對藏族群眾信仰實踐的研究中發現，轉經是一種性別化的空間行為。在寺院作為藏族聚居區中心的重建過程中，轉經發揮了至關重要的作用。通過對漢藏邊緣甘肅南部藏族聚居區拉撲楞寺宗教復興過程中社會性別問題的研究，馬克里發現，在當代的拉撲楞寺，作為主要的轉經者和家務勞動者，婦女承擔了在強烈的同化過程中支撐藏族社會核心的雙重重負。[110]筆者的調查印證了馬克里的判斷：尼村轉經的人群中大部分是女性，尤以老年婦女居多。就算是在身背嬰兒哄其入睡時，老年人也不會停下轉經的腳步。村裏年過九旬的次央奶奶每天白天的大部分時間都在圍繞佛塔殿轉經，儘管她的腰佝僂到了極致，身子幾乎向前傾斜到了 90 度，手拄拐杖，步履蹣跚，但她仍在堅持。村裏每年相約前往卡瓦格博轉山的婦女眾多，不少人甚至到過拉薩和印度朝聖。

---

109 參見Robert Ekvall. *Religious Observances in Tibet: Patterns and Function*. University of Chicago Press, 1964:253.

110 參見Charlene E. Makley. "Gendered Boundaries in Motion: Space and Identity on the Sion Tibetan Frontier". *American Ehnologist*, 2003, 30(4):597-619.

（三）祭山與朝佛

如果說家內的煨桑與誦經對女性造成了一定的約束，那麼轉經、轉山與朝覲則給她們提供了信仰追求與精神寄託的足夠空間。不過，在當地人看來，每年最為重要的宗教活動還是重要節日的神山祭祀與寺院朝佛，但是這兩項活動對女性都有嚴格的限制。

神山，當地人稱為「日嗟」，農曆每月十五以及新年等節日都是當地人朝拜的日子。在尼村周圍一共有兩座神山。一座神山為金剛神山（日尼貢卡），是當地人主要的神山崇拜對象，法力最大，但嚴禁女性登頂朝拜。據說這種禁忌來自於這座男性神山的一段失敗的婚姻經歷。[111]另一座神山叫海爾茲姆，男女都可登頂參拜。

傳說日尼貢卡的前妻是龍王的女兒巴拉甘宗，她的到來為乾旱的神山帶來了 108 處泉眼，從此居住在此地的人民五穀豐登，安居樂業。婚後夫妻恩愛，並育有 1 個女兒，但顯赫的功勳也讓這位美麗的婦人日漸驕傲，甚至想動搖丈夫在家庭中的權威，這讓日尼貢卡忍無可忍。這對積怨已久的夫婦終於爆發了一場激烈的衝突。巴拉甘宗放出了一頭黃牛，堵在山腳下的金沙江中，江水頓時改變流向，沖向丈夫庇護的村莊；為了阻止災難的發生，日尼貢卡則派出了一匹綠馬擋在江水的西面。受到兩次阻擋的江水雖然形成了一個巨大的拐彎，卻沒有沖毀村莊，依然向東流去。神山的權威保住了，村莊也得救了，但這對夫婦不得不離婚。離異之後的巴拉甘宗嫁給了另外一位愛慕她的男子，因為這個男子可以接受她提出的任何條件。他們後來居住在距離此地不遠的一處美麗的地方，那裏現在已被世人廣泛知曉，並被開發為著名的旅遊風景區。

離婚之後的日尼貢卡終日鬱鬱寡歡，並發誓從此不見任何女子，

---

111 這個傳說的多個版本略有不同，本書僅選取了其中一種。

因此定下了女性不能祭拜神山的規矩，而地質奇觀金沙江大拐彎也成為警戒女子驕奢、不守婦道的見證。這座神山的祭拜禁忌尤其針對那些已婚婦女，而對年紀較小的女孩規定不那麼嚴格。筆者曾問過很多女性，她們大多表示在自己小的時候曾經上去過，但結婚以後就絕對不能這麼做了。對於當地女性可以登山祭拜神山的行為，迪慶藏族聚居區其它地方的女性表示羨慕和不可理解。2011年春節期間從佛山鄉到尼村親戚家串門的村民追瑪告訴筆者：

> 他們這裏的女人可以上去（神山），簡直是太奇怪了，女人麼咋個（怎麼）可以上神山？在我們那邊女人是肯定不能上神山的，女人只能在家裏燒香祭拜，絕對不能上山。我們那裏的神山叫作納農邊松，是三兄弟在一起（意為神山由三座大的山峰組成），靈驗得很，周邊好遠的人都來祭拜，要是女人上去麼還了得。[112]

筆者對居住在香格里拉縣及其近郊村落的調查結果也表明，那裏的女性同樣被禁止進入神山的領地。對於這種禁令，尼村當地的女性自己又是如何看待的呢？

> 卓瑪（80歲）：女人不准上克（去）麼，其實也不是因為哪樣（什麼），就是說女人有點不乾淨。
>
> 拉姆（68歲）：不准上去麼是因為女人有點髒，對神山不好。
>
> 布稱（73歲）：這種麼咋個（怎麼）說，也就是說女人身上不乾淨，所以不能上（去）。這些地方是神聖的，所以不能克

---

112 訪談時間：2011年2月。

（去），克（去）了對自己對家人都不好。

追姆（51歲）：（女人）不能上克（去）也不咋個（怎麼），在家燒香也一樣，只要盡到心也是一樣的，爬山我們也老是爬不起（動）。[113]

　　老年女性的看法生動體現了當地社會的傳統性別觀念。女性污穢不潔的理念早已深入人心、根深蒂固，這種觀念甚至迫使女性產生了一種自我安慰與逃避的心理。隨著寺院朝佛活動的興盛，類似的認識被繼續延伸到信仰活動更為集中的寺院佛堂中。通過藏族群眾對性別和儀式空間特有的認識，寺院被構建為一個神聖的權力之地，這一過程同時也鞏固了作為寺院及其神聖階層或者喇嘛的供養者的普通信徒的儀式效力。[114]雖然共同為信仰付諸精神與實踐，但男女兩性對命運的訴求截然不同。馬克里發現，一種空間化的性別分工將女性與作為「內部」事務的家務相聯繫，將男性與作為「外部」受尊敬的宗教儀式與政治事務相聯繫。這種分工成為一種廣泛合理的對宗教命運的訴求，可以稱之為「性別因果對立」（sexual-karmic polarity）。[115]

　　女性的身體和形象還具有低下與可恥的象徵含義，寺院對女性的禁忌廣泛存在於藏族聚居區各地，其中又以格魯派最為嚴格。甘孜地區理塘縣的長青春科耳寺（又名理塘寺）規定，在其所管轄的範圍內，凡是無力償還寺院債務的男人，要被穿上女人衣服、戴上高帽子，額頭上烙上「榨」字印，並攆出理塘。由於其頭上有印記，因此

113　調查時間：2011年2月。

114　參見Charlene E. Makley. "Gendered Boundaries in Motion: Space and Identity on the Sion Tibetan Frontier". *American Ehnologist*, 2003, 30(4):597-619.

115　同上。

凡是在寺廟的轄區之內都不能居住。[116]迪慶藏族聚居區格魯派各寺院都嚴禁婦女進入密宗殿堂和護法神殿內磕頭，焚香也僅限於門外。這種禁忌仍然來自女性身體污穢論，認為這種不潔會降低護法神的威力。儘管如此，女性仍然在寺院的周邊充當一種恰當的供養者的角色，她們樂此不疲地焚香、祈福、轉經、朝拜，並向寺院敬獻功德。女性對宗教禁忌的尊崇強化了當地的社會性別制度與權利結構，並通過顯著的女性化與老年化的模式進一步對後代及其它家庭成員施加影響。

二　納西族社會中的「殉情」習俗與「女鬼」傳統

殉情是納西族社會 20 世紀 50 年代以前相沿甚久的重大社會問題，麗江因此曾被稱為「世界殉情之都」和「亞洲自殺王國」。在那以前，常有一對乃至七八對情侶一起殉情的慘劇發生。正如楊福泉先生指出的那樣，殉情在世界各地各民族中都存在，但沒有哪一個地方、哪一個民族像納西族這樣慘烈和嚴重，並成為一種歷史性的社會風尚，產生系統性的有關殉情的宗教儀式和經書，產生淒豔哀婉的各種殉情文學作品，在民間形成各種有關殉情的神秘信仰、禁忌習俗等。殉情不僅成為納西族歷史上嚴重的社會問題，也成為一種蘊含多種複雜因素的特殊文化現象。[117]

殉情並非納西族社會的原生產物，而是在清代實施「改土歸流」以後逐漸產生的社會現象與問題，並同時對納西族的宗教信仰產生了直接影響。殉情使東巴教的鬼魂崇拜中多了一項重要內容——情死鬼

---

116 參見《理塘縣長青春科耳寺調查》，四川省編寫組：《四川省甘孜州藏族社會歷史調查》（成都市：四川省社會科學院出版社，1985年），頁298。

117 參見楊福泉：〈政治制度變遷與納西族的殉情〉，《中南民族大學學報》（人文社會科學版）2005年第5期。

和風鬼。在洛克所著的《納西——英語百科辭典》下卷中即收錄了
57 個有名有姓的殉情鬼。其中，最重要的是殉情鬼首領游祖阿主和
構土西公，前者是女性，後者是男性，他們即是一對情侶。他們統領
著所有的殉情鬼，是殉情者所嚮往的愛之樂土「霧路游翠郭」（漢語
多譯為「玉龍第三國」）的主人。相傳這一對殉情鬼首領用優美動人
的歌聲和口弦聲呼喚著一切在愛情婚姻上遭遇不幸的青年男女去往他
們的樂園，與他們生活在一起。此外，東巴教中還有五方的殉情鬼首
領，她們無一例外都是女性。在東巴教中，與殉情有關的還有一類
鬼，稱為風鬼或風流鬼、風騷鬼。這種鬼共有 7 個，也全部為女性。
此外，還有專門迷惑人去殉情的 7 個女性精靈，總稱為「本恩膽美突
使固」，又稱為「麻登」，相傳她們與北斗七星有關。[118]

　　除原生的東巴教和後來傳入的藏傳佛教信仰外，納西族民間還普
遍存在著以巫文化為主要形式的民間信仰。其中一種被稱為養「毒
鬼」和養「搓鋪鬼」的巫術信仰同樣將矛頭指向了女性。在這種類似
於「養蠱」的解釋體系中，某些特定的家庭和個人被當地社會指稱為
豢養有「毒鬼」和「搓鋪鬼」。「養鬼」的行為不僅會在一定時期內持
續存在，並且還能夠進行代際傳承。這些「養鬼者」同樣以婦女居
多，以母女相傳的方式代代沿襲，沒有女兒者甚至還會變通性地傳承
給兒媳。與普通巫術的技能傳承方式相比，「養鬼」不是一種傳授式
的傳承，而是一種在無形中的遺傳和感染式的傳染。有些地方的納西
族還有養「豹鬼虎鬼」的迷信。據洛克的調查，所謂「豹鬼虎鬼」都
是指雌性鬼，人們認為只有婦女才有這種鬼。[119]

118　參見楊福泉：《多元文化與納西社會》（昆明市：雲南人民出版社，1998年），頁24-
　　25。

119　參見楊福泉：《多元文化與納西社會》（昆明市：雲南人民出版社，1998年），頁47-
　　48。

　　在當地人看來，由於無法控制的遺傳與感染性本質，「養鬼者」對周圍的人，甚至對牲畜的危害都是致命性的。因此，一些地方又把這種「毒鬼」和「搓鋪鬼」分為兩類：一類專門害人，一類專門害牲畜。有傷口的人最容易受到這兩種鬼的傷害；同理，母牲畜生產的時候，母畜和幼畜也最容易受到這些鬼的襲擊，使之感染疾病而死亡。在部分村寨中，人們認為辣椒可以用來抵抗這些「鬼」傳染式的侵襲，因此在人的身體出現傷口或是在婦女生產等容易受到傷害的特定時段使用焚燒的辣椒進行抵抗。由於「毒鬼」和「搓鋪鬼」存在極大的危害性和傳染性，當地社會對「養鬼者」都避之不及。為祛除其危害，民間盛行著由祭司東巴和巫師桑尼、桑帕主持的驅趕鎮壓儀式。

　　在麗江一帶，被認為「養鬼」的家庭在每個村寨都有，他們無一例外地被當地社會排除在聯姻的選擇範圍之外，不少類似家庭的子女因為無法成婚被迫雙雙殉情。

　　殉情者通過對身體的自殺式毀滅，幻想進入理想中的愛之樂土。殉情現象的大量存在以及對「玉龍第三國」的嚮往，體現了納西族社會對婚姻和愛情自由的追求以及身處其中受害者的一種反抗性極端心理；而人們將各種殉情鬼和風鬼大多塑造為女性形象的特徵，則體現了納西族女性在「改土歸流」這一歷史變遷進程中社會地位急劇下降及不得不以死抗爭的悲劇性後果。殉情習俗的蔓延使婦女成為包辦婚姻的犧牲品，而「養鬼」習俗的女性化與妖魔化則將納西族婦女共同推向了社會的對立面，不僅降低了婦女的社會地位，甚至褫奪了她們應有的權利，這種情形的產生與納西族社會中重視母系的傳統大相徑庭。直至 20 世紀 60 年代前後，「養鬼」的習俗仍然盛行於納西族地區，但因此選擇殉情的男女已較之前大為減少。在年青一代看來，「養鬼」之說已逐漸成為逝去時代的產物，婦女從中所受到的戕害也在逐步減退。

三　獨龍族社會的婦女紋面習俗

　　婦女紋面曾是獨龍族傳遞給外界社會的主要民俗符號之一。光緒年間，巡視獨龍江的夏瑚曾這樣記述獨龍族的紋面習俗：

> 先俅民年三十以上者，尚全紋面，其年在二十以下者，漸有破此陋習不紋面者……上江女子頭面鼻樑兩顴上下唇均刺花紋，取青草汁和鍋煙揉擦入皮肉成黑色，洗之不去；下江女子紋面，只鼻尖刺一圈，下唇刺二三路不等。[120]

　　看到女性在自己的面頰上刺上這樣的花紋，夏瑚覺得頗為不妥，因此「召集甲長、夥頭，宣佈以後取消此種陋習」，並警告說「紋面者剝其皮，與人紋面者砍其首」。民國政府也曾下令禁止婦女紋面，對紋面者施行罰款，因此人們開始逐步放棄紋面。但察瓦龍土司警告當地人說，「你們的婦女要畫臉，男子不要剪髮，否則不是獨龍族人了，就同傈僳族人和怒族人一樣了」[121]。對於獨龍族婦女紋面的起源，一種解釋認為來自他們的近鄰怒族，察瓦龍土司統治獨龍江之後，就將紋面作為獨龍族區別於其它族群的識別符號，因此婦女都紋面了。[122]為保護自身安全，紋面習俗在獨龍江地區一直延續到 20 世紀 50 年代前後。也有人認為，土司和蓄奴主強擄獨龍女為奴或許也曾有過，但

---

120 轉引自尹明德：《雲南北界勘察記・卷三附・調查報告》（臺北市：成文出版有限公司，1974年），頁182。

121 轉引自李金明：《獨龍族文化大觀》（昆明市：雲南民族出版社，1999年），頁62。

122 參見楊將領：〈獨龍族的社會組織和社會形態〉，見政協怒江州委員會文史資料委員會編：《怒江文史資料選輯》（第27輯）（德宏傣族景頗族自治州：德宏民族出版社，1999年），頁40。

由此斷定這便是獨龍女紋面的緣由缺乏足夠的歷史依據。[123]

　　獨龍江各地區紋面的方法基本相似。紋面時先用木炭或鍋灰在臉部描好文飾形狀，刺文者一手持竹針，一手拿拍針棒輕輕刺入，每刺一針即將血水擦拭乾淨，然後敷上用鍋灰拌成的「墨汁」，幾天後創口結痂脫落，即留下永遠也擦洗不掉的青黑色花紋。[124]紋面並不是每個婦女都會的技術，一般幾個寨子才有一個人會，附近需要紋面者都會來找此人。技術掌握者不會以此為職業，但紋面者會送給操作者少量報酬作為答謝。

　　無論從哪個方面來看，獨龍族婦女紋面的習俗不僅是一種簡單的民俗事象，更是三江流域族群階序中弱勢群體的無奈之舉。[125]身處社會結構中較低層級的女性如若不依照統治階層的要求行事，則極易成為族群衝突中的犧牲品和貿易交換中的商品。與婦女相比，獨龍族男性並不需要專門改變自己的身體形貌，而是將土司敕令的族群「符號任務」交給了身處弱勢的婦女群體。

小結

　　相同的事象會有著截然不同的解釋，不同民族對身體的認識深刻反映了當地社會文化對性別與身體所進行的再次建構，其象徵意涵清晰可見：創世傳說並不是一個空泛的想像符號，它不僅傳達著人們對待男女兩性的基本態度，並且成為社會對男女兩性身體「潔淨與污穢」認識的基礎。社會對女性身體的污穢觀念伴隨著女性生命的始

---

123 參見沈醒獅：〈獨龍族紋面習俗現狀調查〉，《安徽師範大學學報》（人文社會科學版）2005年第2期。

124 參見楊將領：《中國獨龍族》（銀川市：寧夏人民出版社，2012年），頁96。

125 詳見本書第六章中第一節內容。

終，女性身體及其分泌物對男性的「威脅」折射出社會對女性身體的誤解與蔑視。從兩性活動到整個生育過程，女性能夠主動把握的空間極其有限。藏族多偶制家庭的女性則將身體作為協調夫妻關係的重要媒介，因而性活動成為這種特殊家庭中關鍵的內部調配機制之一；當這種機制出現波動或失靈時，其婚姻的穩定性即將受到嚴重影響，甚至導致家庭的破裂。因此，這種特殊婚姻形態（即多偶制，尤其是兄弟共妻）的延續，在很大程度上是依靠婚姻成員極大的奉獻與隱忍來實現的。在這種世代延續的隱忍與奉獻的心理機制中，社會對女性身體的認識以及女性對自我身體「污穢」的認同共同扮演了重要的作用，他們合力推動了女性對自我的認識以及對命運的順從，使得女性群體成為各種婚姻形態不斷延續的重要媒介。

第五章

「低下」的婦女：性別政治的代際傳遞、更替與嬗變

　　「每一個社會或民族都有自己文化傳承的內容與方式，文化傳承既是某一個社會或民族的群體行為，也是該社會或民族的個體行為，某一社會或民族的文化就是通過這種群體或個體的行為而得到代際的傳承。」[1]同樣，每個社會對於男女兩性的性別期待都有差異，存在於家庭、社會與學校中的不同教育方式塑造著人們所期望的性別模式。

第一節　「天賜之權」：傳統社會中的性別政治傳遞機制

一　命名禮：性別政治傳遞的開端

　　每個社會對個人理想性格的塑造從嬰兒期即開始了。為了這一共同的目標，社會成員都會努力以濡化的方式將嬰兒逐步塑造成為理想成年人的性格。這正如本尼迪克特所指出的那樣，個體生活歷史首先是適應由他的社區代代相傳下來的生活模式和標準。[2]

　　藏族新生兒的命名一般在孩子出生三四天後進行，由家中的成年

1　滕星：《族群、文化與教育》（北京市：民族出版社，2002年），頁7。

2　參見〔美〕露絲・本尼迪克特著，何錫章、黃歡譯：《文化模式》（北京市：華夏出版社，1987年），頁2。

男性（一般是家長）前往寺院告知活佛孩子出生的時間，一般都可以得到一個帶有宗教意味的名字，活佛同時還會賜予孩子一個戴於頸上的吉祥結。這個吉祥結會一直陪伴著孩子成長，有些人長大之後會取下來，但有些人幾十年甚至到死的時候都不會取下。此外，還要給孩子定制一隻銀手鐲，按照男左女右的方式進行佩戴。也有的家庭選擇自己給孩子取名，或者請村裏的長者為孩子命名。這些名字與活佛所取的名字相比表現出另外一種寓意，如達瓦（月亮、星期一）、米瑪（星期二）、拉巴（星期三）、普布（星期四）、巴桑（星期五）、邊巴（星期六）、尼瑪（太陽、星期日）、梅朵（花）、白瑪（蓮花）。不管命名是來自活佛還是來自村裏的長者或是家長，由於沒有姓氏，當地人重名的現象相當普遍。此外，新生兒的命名沒有私生子、養子、親生子的區別，只要是自己妻子生育的孩子，都是自己的孩子，只要條件允許，都會舉行同樣的儀式，並為新生兒求請名字。按照出現頻率的高低順序，尼村藏族男子最常使用的 10 個姓名分別是尼瑪、培初、農布、品初、定主、魯茸、次里、絮史、都吉和索朗，女子最常使用的 10 個姓名是卓瑪、拉姆、取次、永宗、只瑪、追姆、達瓦、次姆、布稱和曲珍。儘管人們沒有表現出強烈的生育男性後代的願望，但不少人家仍常常以孩子的命名表達希望結束生育女孩的願望，如以「倉決」或「倉」（「斷絕」之意）給女孩命名。[3]

納西族人的一生幾乎都與東巴教密切相關，這首先突出地表現在幾個重要的生命階段上。嬰兒出生前後，必須請東巴進行保胎、驅鬼與除穢、祭祀生命神，舉行為嬰兒取名、產婦洗頭、見天日、拜太陽等儀式。取名是關係到人一生命運的重大事情，必須在東巴教教義的範圍內選取，如依「巴格圖」（納西族的陰陽五行說）方位命名。[4]

---

3 參見嘎・達哇才仁：〈藏族人名文化〉，《西藏大學學報》1996年第2期。

4 參見楊福泉：《原始生命神與生命觀》（昆明市：雲南人民出版社，1995年）。

　　怒族的新生兒祝福與命名活動同樣體現了鮮明的男女差異。孩子出生 3 天後，丈夫便會請人帶上酒和肉到親戚長輩家送禮告知，得知消息的親友就會委託自家的婦女背上糧食、糖、雞蛋等禮物結伴到產婦家探望，所有探望者僅限婦女和小孩，成年男性不得參加。男孩的名字前面一般都冠以「臘」，如「臘佳」、「臘華」等；而女孩的名字前則普遍冠以「亞」，如「亞娜」、「亞莎」等。這種命名法來源於怒族歷史上的氏族圖騰和亞血緣婚制。在怒蘇語中，「臘」和「亞」分別意為「虎」和「雞」，這是怒族最古老的圖騰和兩個相互通婚的氏族名稱。由於外婚制尚未形成，加上通婚範圍狹小，族內婚和非等輩婚大量存在，為使這種婚姻制度趨於合理，人們採取了用氏族圖騰為男女命名的方式。儘管這類古老的婚姻形態已經逐步消亡，但命名的方法完整保留了下來。[5]

　　獨龍族的新生兒要滿 7 天才能洗第一次澡，男孩滿 6 天、女孩滿 7 天後才能穿新衣服。新生兒的命名由家族長或父母負責，男孩要滿 7 天、女孩要滿 9 天後才能取名。由於獨龍族沒有姓氏，命名按照特定習慣取定，大多排行冠以地方名稱。例如，「芒邦加肯」，意為芒邦加那個地方的老大，老二稱「芒邦加丁」。女孩的命名也一樣，大女兒稱「芒邦加乃」，二女兒稱「芒邦加擬」。外人對一個家庭成員的稱呼方式折射出獨龍族社會絕對的父權家長制特徵。假如「芒邦加丁」（老二）是某家的家長，則外人就稱呼他的兒孫為芒邦家老二家的大兒子或芒邦家老二家的二孫子，而不能直接稱呼其本人的名字。由於人們的姓名是由地名、家族名稱和排行連接在一起組成的，假如搬到其它地方居住，其子孫仍然沿用原來的地名。因此，即使發生多次遷

5　參見何叔濤：《雲南民族女性文化叢書‧怒族——復蘇了的神話》（昆明市：雲南教育出版社，1995年），頁67。

徙的情況，從未相識的人只要相互介紹之後就可以知道雙方是否有親戚關係。[6]獨龍族的名字還以家族名稱（即地名）加祖父名、父母名，加本人愛稱及排行構成本人的名字，其中男子必須冠父親的名稱。例如，女性名白麗‧丁板‧嫡木‧頂‧阿克洽‧嫡（意即地名、祖父名、母名、父名、愛稱、本人排行），男姓名孔當木‧頂‧阿克洽‧松旺（意即家族名、父名、愛稱、本人名）。獨龍族尚未形成以父系名稱為主的父子連名製，男子的名稱只涉及 110 的排行，即朋、井、奎、今、頂、批、筒、萊、托木、頂那。[7]

二 成年禮與繼嗣儀式：性別政治觀念的養成與規訓

成年禮（rite of puberty），又被稱為「成丁禮」或「成人禮」等，是一定社會中的個人由幼年步入成年的人生禮儀；是指為達到性成熟或法定成年期的少年舉行的一種儀式，以此確認其為成年，接納其為社會的正式成員，或一種宗教團體的成員。[8]這一儀式廣泛存在於古今中外不同區域的族群中。[9]綜合來看，各族群的成年禮雖然形式多樣，但一般都具有以下特徵：限定儀式舉行的年齡，儀式以「成人」為主題，且特徵明顯，並具有普適性；儀式舉行的方式包括教導型、

---

6 參見《民族問題五種叢書》雲南省編寫組、《中國少數民族社會歷史調查資料叢刊》修訂編輯委員會：《獨龍族社會歷史調查》（二）（北京市：民族出版社，2009年），頁7。

7 參見〈貢山縣四區三村孔當、丙當、學哇當獨龍族社會經濟調查〉，《民族問題五種叢書》雲南省編輯委員會、《中國少數民族社會歷史調查資料叢刊》修訂編輯委員會：《獨龍族社會歷史調查》（一）（北京市：民族出版社，2009年），頁42。

8 參見覃光廣等：《文化學辭典》（北京市：中央民族學院出版社，1988年），頁318。

9 參見吳曉蓉：《儀式中的教育——摩梭人成年禮的教育人類學分析》（重慶市：西南師範大學博士學位論文，2003年），頁47。

考驗型、標誌型等類型。[10]

（一）以女性為主的藏族成年禮

尼村藏族群眾的成年禮除具有上述特徵之外，還具有自身的特點：第一，成年禮主要在女孩群體中舉行，為男孩舉行的情況較少。第二，舉行成年禮的時間一般為 9 歲、11 歲或 13 歲，這些單數年齡被認為是吉利的，尤其 13 歲對藏族人的成長來說更具有臨界點的重要意義。[11]但具體什麼時候舉行儀式，則由孩子的家庭經濟狀況決定。第三，與摩梭人等族群中程序繁複的儀式[12]相比，藏族群眾的成年禮儀式相對較為簡單，一般僅包括換裝、祈福和聚餐幾個環節。女孩的成年禮大多由母親向家長提出，家長同意之後由母親負責操辦。從整體上來說，多偶制家庭，尤其是兄弟共妻家庭的子女，由於家庭經濟狀況普遍較為優越，因此舉行成年禮的時間相對較早；另外，由於其家庭親屬關係比普通家庭相對複雜，也促使他們更早地接觸社會、踏入成年的人生歷程。

舉行成年禮的女孩在儀式當天清早換上全套藏裝服飾，然後在父母和親友的陪同下前往寺廟燒香祈福，家人還會在家中舉行聚餐活動，邀請親朋好友參加，慶祝孩子從此步入成年，具備了戀愛和結婚的資格。藏族聚居區有的地方還會在女孩成年禮時舉行一種類似無配偶單獨成婚的「戴天頭」儀式。女孩在這個儀式中被象徵性地嫁給「天」，從而為其自由戀愛提供合法身份，就算是婚前生兒育女也可

---

10 參見吳曉蓉：《儀式中的教育——摩梭人成年禮的教育人類學分析》（重慶市：西南師範大學博士學位論文，2003年），頁48-52。

11 參見林繼富：〈人生轉折的臨界點——母題數字「十三」與藏族成年禮〉，《青海民族研究》2004年第1期。

12 參見吳曉蓉：《儀式中的教育——摩梭人成年禮的教育人類學分析》（重慶市：西南師範大學博士學位論文，2003年），頁52-57。

以得到社會的認可。[13]在尼村藏族群眾的成年禮中，換裝由於具有較強的社會性別塑造、族群認同與角色認同等教育功能，因此成為當地成年禮的主要組成部分。繁雜昂貴的服飾對其家庭經濟能力而言是一個考驗，因此在當地人看來，有能力的家庭才能讓孩子早點成年。

尼村藏族群眾為何僅主要為女孩舉行成年禮？裘蒂絲‧布朗（Judith K.Brown）的研究發現，女性的成年禮一般存在於婚後從妻居的社會及女性在經濟生活中發揮較大作用的社會中。[14]此外，這些專門為女性舉行的成年禮大多寓意著婚姻和生育的到來，還包含著對今後家庭生活的祈願。[15]經過成年禮，女孩的心理發生了極大的變化，同時為生理上的發育做好了準備。舉行過成年禮的女孩將會首先迎來月經初潮，之後開始學習穿內衣和裹胸，逐步進入戀愛和婚姻的人生階段。

（二）換裝差別化的納西族成年禮

納西族一直保留有成人禮俗，男子以穿褲、女子以穿裙作為標誌，俗稱「穿褲子禮」或「穿裙子禮」。例如，在鹽源、木裏一帶的納西族人看來，孩子長到 13 歲即意味著長大成人，可以參加勞動和社會活動了。而土司和貴族家庭的孩子則將舉行成年禮的時間提前到了 9 歲。成年禮一般在每年的初一舉行。除夕之夜，13 歲的男女少年按性別分別在兩個不同的家庭聚會，飲酒喝茶，一直待到天明。初一早晨雞鳴之後，儀式便開始舉行。男孩子的儀式在家中的「男柱」

---

13 參見洲塔、王雲：〈從婚俗文化看社會轉型過程中藏族生育文化的變遷──以青海卓倉藏族為例〉，《蘭州大學學報》（社會科學版）2010年第2期。

14 參見Judith K. Brown. "A Cross-cultural Study of Female Initiation Rites". *American Anthropologist*, 1963, 65(4):837-853.

15 參見金少萍：〈雲南少數民族女子成年禮探微〉，《思想戰線》1999年第2期。

旁舉行，男孩兩腳分立於糧袋和豬膘之上，穿上褲子、短襟衣服，紮上腰帶，然後戴上帽子，手持象徵武器的長杵。女孩的儀式與之類似，舉行的地點是家中的「女柱」旁。女孩兩腳仍分踩糧袋和豬膘，但手中不拿武器，而是手握紡輪、梭子等紡織工具。由老年婦女為其穿上上衣、裙子，紮上腰帶。納西族的這一成人禮源於本族古老的民俗文化，但這一習俗中已明顯受藏族民俗文化的影響。行穿褲（裙）禮的時間要先請喇嘛、達巴占卜，行禮時也要請喇嘛、達巴念經。[16]其中行成人禮請達巴占卜、念經是納西族原有的禮俗，請喇嘛占卜、念經則既與藏族宗教影響有關，也與木裏一帶藏族成人禮的影響有關。

（三）貫穿獨龍族人一生的「木索哇」與「蘇拉喬」儀式

獨龍族婦女一生中有 3 個時期要請「南木薩」為她們舉行祭鬼保命的儀式，即「木索哇」儀式。第一次在嬰孩時期舉行；第二次在出嫁後首次回娘家的時候舉行，目的是為了防止夫家氏族的鬼纏住她，來到娘家氏族害人；第三次在其年老時舉行，多數是經過占卜認為自己壽命不長了才舉行，所祭祀的是人們認為最大的鬼「格蒙」和「木佩朋」，祈求它們不要隨便地殺吃自己的「卜拉」，讓自己的「卜拉」平平安安地活長一些。祭祀的時候，選擇一兩根小竹子，將其表面削成樹花花，稱作「新息爾」，再把祭物如雞、蕎面粑粑等用繩子拴弔在「新息爾」上祭供起來。

與之類似，男性也有同樣的祈求儀式「蘇拉喬」。祭祀的對象是對男人們生命威脅最大的「蘇拉卜拉」。這種儀式不一定要由「南木薩」支持，有經驗的老年男性、懂得祭祀儀規的人、會念祈禱的人也

---

16 參見嚴汝嫻、宋兆麟、劉堯漢：〈四川省鹽源木裏兩縣納日人社會調查〉，《四川省納西族社會歷史調查》（成都市：四川省社會科學院出版社，1987年），頁193-194。

可以主持。與婦女一生只舉行 3 次「木索哇」儀式的最大不同是，「蘇拉喬」儀式可以經常舉行。這反映了獨龍族社會以男子為中心的父系特徵。據說這兩種儀式的形成源於一個傳說：

> 遠古時代，大地上沒有人煙，只有一個從樹木裏蹦出的人，叫作辛丹嘎普。後來，天神格蒙把女兒木美姬下嫁給辛丹嘎普。兩人婚後，很奇怪的事情發生了，生出的孩子要麼是蜜蜂、蝙蝠、燕子，要麼是石頭和樹木。夫婦倆很納悶，木美姬就讓孩子蝙蝠到天上外公格蒙家裏去占卜，看看是怎麼回事？蝙蝠到了外公格蒙家，按照臨行前母親的囑咐，用黑乎乎的豬屎捏成自己的模樣掛在火塘上，自己則掛在外公的屋簷底下偷聽。果然，蝙蝠聽見外公對著自己的模型說：我的孫子蝙蝠呀，乖乖！你們要想變成人，要用白白的雞和羊，用黑黑的豬，祭祀天和「索拉」，男人要做「索拉喬」，女人要做「木索哇」。原來，辛丹嘎普和木美姬生下蝙蝠、石頭等，都是天神格蒙搞的鬼，為的是要吃到人間女婿和女兒供奉的祭品，只有先祭祀、供奉他，人間才能生兒育女。後來，木美姬懷孕時，舉行「木索哇」儀式就生了女孩，舉行「蘇拉喬」儀式就生了男孩。[17]

三　涉世之初：形態各異的社會性別教育

（一）藏族社會的茶會

　　藏族人認為舉行過成年禮的女孩和男孩已經具備成年人的心理，可以自由戀愛，而且父母一般都不會嚴格干涉其交往的對象。從以前

---

17 楊將領：《中國獨龍族》（銀川市：寧夏人民出版社，2012年），頁132-133。

的記錄來看，藏族青年男女在婚前享有較為寬鬆的性自由，一起吟唱情卦是他們戀愛交友的主要方式之一。情卦，藏語稱為「儀姆」，是一種以宗教占卜儀式相結合的猜調歌，同時也是藏族青年男女互相表達愛慕和友誼的傳統風俗歌，在迪慶藏族聚居區廣泛流傳，青年男女往往藉此相互傳達和猜測愛情心理活動。例如，中甸尼西地區的藏族青年男女還借助情歌與異性交往，十三四歲的男女舉行過穿褲儀式（即成年儀式）後，就有了與異性交往的自由，情侶們低聲吟唱情歌，直至第二天淩晨才分手。[18]此外，茶會也是青年男女婚前較為隆重的社交場合。茶會其實就是歌會，由一村的青年邀請另一村的青年前往赴會。由約定的當天傍晚開始進行，主要內容為對歌，青年們可以借助對歌相互瞭解和傳達愛情、娛樂助興等，茶會的時間可以一直延續至第二天拂曉。

這種活動類似於尼泊爾寧巴人的 Chaya（意為唱歌和跳舞）活動。在 Chaya 中，青年男女可以自由交往，甚至可以發生性關係。父母們並不干涉和禁止這些婚前性行為，因為當地社會將其視為青年人學習性知識的重要途徑，年輕人可以藉此尋找自己心儀的終身伴侶，當地高比率的自由戀愛婚姻也大多形成於此。[19]在牧場上，「鑽帳篷」的男女交往方式較為常見。青年男女可以自由戀愛併發生性關係，並且這種關係不會受到限制和指責。男孩子會盡情地追求自己喜歡的女孩，假如兩情相悅，戀愛關係隨之產生。如果一方不願意，可以當面拒絕，性情爽朗的少女甚至可以用各種方式懲罰那些試圖接近自己的「不受歡迎者」。

---

18 參見迪慶藏族自治州地方志編纂委員會：《迪慶藏族自治州志》（下）（昆明市：雲南民族出版社，2003年），頁1270頁。

19 參見Youba Raj Luinter. "Agency, Autonomy and the Shared Sexuality: Gender Relations in Polyandry in Nepal Himalaya". *Nepalese Studies*, 2004, 31(1):43-83.

　　由於環境的寬鬆，人們似乎並不會因為生理成熟便急於結婚，只有貴族世家偶有例外，同時結婚也不是他們滿足性生活唯一的方法。[20]雖然茶會和「鑽帳篷」等活動在當地人的成年及戀愛生活中扮演著重要的角色，但這些行為都曾經被漢人統治者視為需要教化且必須改革的「夷俗」，並專門利用屬卡、土官和商會的「三行」地方組織編聯保甲，制定《團約》和《鄉規》，對此予以禁止。[21]此後，由於環境受限，自由戀愛明顯受到了抑制，父母包辦的婚姻不得不充當主要的婚姻締結形式。

　　近年來，類似的活動已經被各村之間的鍋莊大賽等娛樂活動替代。鍋莊舞會也是男女青年互相結識的好機會，通過鍋莊結緣的男女不少。在鍋莊舞會中，男女青年都會盡情地展現自己的舞姿與氣質，當地人認為在公開場合跳舞唱歌是自信的表現，害羞和怯懦將會遭到別人的嘲笑。雖然婚前生育的現象已經大大減少，但人們對自由戀愛的嚮往並沒有大的改變，只是在形式上發生了些許變化。現在，人們已經逐漸將婚前生育視為一種「可恥」的行為，不少婚前懷孕的少女的家人甚至以此要求得到相應的賠償。為了讓自家少惹麻煩，家長們都會教育子女不要「亂來」，隨意發生的性關係得到了有效的控制。當然，減少婚前生育也得益於生育與避孕技術不斷普及所提供的便利條件。

---

20 參見李有義：《今日的西藏》（天津市：知識書店，1951年），頁128。

21 相關禁令包括「男女不准私約、相換什物、咬騙言語等弊，犯罰銀三兩，責一百；夜晚背水，不准唱曲，犯者按名罰銀一兩，有子弟遊手同行者，查出罰銀一兩，男女各責一百；男女不准約過七月馬日姑，犯者罰銀三兩；男女不准私約朝山，犯者罰銀五兩，責二百」（參見王恒傑：《迪慶藏族社會史》，北京市，中國藏學出版社，1995年，頁256-257）。

（二）怒族社會的「哦吆」

怒族早期的家庭教育主要在火塘邊進行，通過口耳相傳的方式對未成年人進行早期的道德品質教育。隨著年齡的增長，少男少女便可以開始自由交往，學習社會賦予的性別規範。按照傳統習慣，怒族青年男女婚前的性關係是比較自由而不受社會干涉的，1950 年以前不少村寨中還有公房存在。[22]交往場所公房被稱為「哦吆」，意為「村裏供寄宿的房子」，這種場所曾經遍佈怒族大大小小的村寨中。「哦吆」有的是父母為子女建蓋但尚未居住的新房，有的是主人遠行或去世後閒置的空房，還有的是孤男寡女的居所。各家各戶 10 多歲的少男少女便可離開父母到「哦吆」中寄宿，一起學習彈奏「達比亞」（一種四絃琵琶），學跳民族舞蹈。另外，男孩學習制弩制箭，女孩則學習撚麻繞線。「哦吆」除了作為教授傳統民俗和生產技藝的場所外，還是情竇初開的少男少女重要的社交場所。不少情侶在這裏結緣，甚至私訂終身。他們夜間相擁就寢，清晨才依依不捨地離去。這種情侶被當地人稱為「加尤」，意為「睡伴」。學會戀愛是每個人成長中的重要經歷，沒有「加尤」將會遭到別人的恥笑。「加尤」想要締結為真正的夫妻卻不是容易的事，隨著父權制的確立和父母包辦婚姻在怒族社會中的盛行，「哦吆」逐漸成為遠去的記憶。

初入社會的情侶們可以濃情蜜意，但如果已婚男女發生婚外性關係的話，則會受到社會輿論的斥責和村寨習慣法的制裁。平日裏男女兩性關係封鎖較嚴，未婚女子有私生子的情況極少。在傳統倫理觀念

---

22 參見〈碧江縣一區九村怒族社會調查〉，《民族問題五種叢書》雲南省編輯委員會、《中國少數民族社會歷史調查資料叢刊》修訂編輯委員會：《怒族社會歷史調查》（北京市：民族出版社，2009年），頁34。

的束縛下，大多能嚴守貞操，極少有越軌行為和未婚先孕者。[23]在1950年以前，如果發生類似的事件，通常是姦夫要賠償9元「半開」給姦婦之夫，而姦婦也必須以料珠一串或貝飾一串（均為婦女的裝飾品）賠償給姦夫的妻子，以示「遮羞」和道歉。[24]

（三）在未成年人陪伴下成長的獨龍族孩子

獨龍族沒有文字，每天火塘邊的生活即是濡化的重要場合。此時，傳統教育的主要內容大部分是通過故事、傳說等口耳相傳的方式進行的。獨龍族的孩子在幼年的時候大多由年齡相對較大的孩子照看，據說這種傳統來自於其族群的創世紀傳說。傳說人剛剛出現在大地上的時候是和鬼混住在一起的，人的孩子由鬼的大孩子照看，而鬼的孩子則由人的大孩子照看。[25]

這種獨龍族社會中存在的具有雇用性質的幫人照看小孩的活動被稱為「肖拉娃」，即請人照顧小孩之意。雇主一般是生活相對寬裕但缺乏照顧嬰兒的勞動力的人家，雇用對象一般為親屬及其朋友的子女，以10歲能照顧小孩為限，其中以女孩較多。期限一般為1年，個別也有兩年的。「肖拉娃」的勞動報酬一般除了主人提供的伙食及一年1套麻布衣服或1套麻布毯子外，假如其照顧的是男孩，則期滿回家時可以得到1口大鐵鍋、1床麻布毯子以及一兩背（兩三斗）糧食；假如照顧的是女孩，則只能得到1口小鐵鍋，餘者相同。對於這

---

23 參見何叔濤：《雲南民族女性文化叢書・怒族——復蘇了的神話》（昆明市：雲南教育出版社，1995年），頁78。

24 參見〈碧江縣一區九村怒族社會調查〉，《民族問題五種叢書》雲南省編輯委員會、《中國少數民族社會歷史調查資料叢刊》修訂編輯委員會：《怒族社會歷史調查》（北京市：民族出版社，2009年），頁36-37。

25 參見蔡家麒：《藏彝走廊中的獨龍族社會歷史考察》（北京市：民族出版社，2008年），頁35。

種差別，當地人的解釋是男孩子比女孩子更難照顧，或者認為男孩子將來要繼承家業，而女孩子則遲早要出嫁，不能為家庭創造財富。照顧小孩者在雇主家一般不受歧視打罵，因此很少有限期未滿中途逃跑的情況，據說假如出現這種情況則不能得到任何報酬。假如受雇人在雇主家死亡，習慣上雇主要送給死者的親屬鐵三腳、鐵鍋、小豬等作為補償，如果是主人虐待致死的，則要賠償 1 頭黃牛作為命金；假如發生因照顧不周導致小孩死亡的情況，受雇人家也要賠償給雇主 1 頭黃牛作為補償，有的人家因無力賠償甚至被迫將照顧孩子的女孩嫁給主人家做小妻。在 1957 年調查的貢山縣四區 9 個家族中，正在幫人照顧小孩的一共有 6 人，1 男 5 女，其中姻親關係者 4 人，朋友關係者 2 人。[26]

　　本節展示了家庭教育和社區教育在不同文化背景的社會中對個人早期成長所發揮的重要濡化作用。家庭是個人成長的起點，存在於命名禮、成年禮和生命的祭祀儀式中的共性體現了不同民族對男女兩性不同的性別期待。初入社會的群體活動則教會人們如何認識自我、結交異性，為今後的婚姻生活和漫漫人生之路做好充分準備。獨龍族社會中普遍存在的「肖拉娃」現象體現了其社會生產中成年人勞動力的稀缺，因此婦女不得不將照料孩子的工作委託給能夠勝任這一職責的未成年人，但同時也從另一方面反映了獨龍族婦女並沒有因為生育而被過多地限制在照料孩子的工作中，她們仍然與其它婦女甚至是男性勞動力一樣參與社會勞動。

---

26 參見〈貢山縣四區四村獨龍族原始共產製殘餘調查〉，《民族問題五種叢書》雲南省編輯委員會、《中國少數民族社會歷史調查資料叢刊》修訂編輯委員會：《獨龍族社會歷史調查》（一）（北京市：民族出版社，2009年），頁66-67。

第二節「神授之權」：來自宗教信仰的性別政治與權利

一 藏族社會政教合一時代性別政治等級的形成

從 10 世紀後期藏傳佛教後弘期以來，藏族傳統社會從總體上看可謂是一個宗教性社會，集中表現為三種標誌性特徵：一是宗教成為整個民族及社會的基本凝聚力，二是宗教寺院組織成為最基本的社會組織之一，三是政治上形成了政教合一格局。[27]因此，在此後的藏族社會中，宗教成為整個社會的一種主導性力量，不僅支配著人們的行為方式，也支配著人們的思想觀念，甚至成為藏族群眾生活方式的一部分。宗教信仰成為人們生活的主要支撐力量。[28]

由於歷史上長期存在政教合一社會制度，在藏族聚居區「改土歸流」以前，兒童若想學習文化，必須入喇嘛寺為僧。[29]從教育體制、教學內容、教學方法、學位制度等方面來看，藏傳佛教的寺院教育不僅具有鮮明的特色，而且歷史悠久、影響頗深，在藏族教育史上佔有重要的地位——「寺院即是學校，喇嘛就是教師，佛教經典就是教材。」[30]因此，作為當地僅有的文化、教育、出版機構，在家庭和社區之外，傳統藏族社會的正規教育機構莫過於寺院。寺院不僅向受眾傳授各類宗教知識與儀軌，更充當著為當地社會培養社會精英的重要角色。因此，曾有人這樣說：「喇嘛寺為一地之宗教重心，固已，特

---

27 參見石碩：《西藏文明東向發展史》（成都市：四川人民出版社，1994年），頁499-501。

28 參見石碩：〈〈格薩爾〉與康巴文化精神〉，《西藏研究》2004年第4期。

29 參見王恒傑：《迪慶藏族社會史》（北京市：中國藏學出版社，1995年），頁192。

30 周潤年：〈藏傳佛教五大教派寺院教育綜述〉，《西藏大學學報》2007年第3期。

其職能絕不限於宗教。易詞言之，可謂民財教建之組織，具體而微；管教養衛之權能，無一不備。」[31]

即便如此，男女兩性經由此途徑所能獲得的社會認可度與相應地位也存在著較大的差異：通過寺院中的修習，男性可以憑藉其佛學修為逐級晉升，成為在宗教領域有所作為的高僧大德，甚至還能參與當地的政治事務，獲得世俗權利；與之相比，女性所能獲得的回報與地位卻相對有限，她們在宗教領域的修為無法比肩男性，而政治體系更是將女性排除在外。可以說，政教合一時代的宗教教育在一定程度上固化了當地社會的性別制度，並進一步推動了「男尊女卑」的社會性別階層的形成。

（一）男性的修習之所與權利之源

苯教是藏族的原生宗教，但佛教從印度傳入吐蕃後，在與苯教的較量中巧妙地將原屬苯教的一些神靈鬼怪的概念納入佛教範疇，並逐漸形成了特色鮮明的藏傳佛教體系。藏傳佛教體系中教派眾多，主要的派別有寧瑪派、噶舉派、薩迦派、格魯派等。

長青春科耳寺是甘孜地區南部最大的格魯派（俗稱「黃教」）寺院之一，因地處理塘又名理塘寺。該寺建築雄偉，規模宏大，「淩霄聳漢、瓦蓋皆飾以黃金，內塑諸佛玉像，百寶鏤嵌，幢幡寶蓋，輝煌巨麗。供奉萬歲寶座，金花玉盞。……傍環大小寺院數十座，一望重樓疊閣……寺內掛單喇嘛 2,845 眾，未掛單喇嘛計 2,000 餘眾」，有僧房 428 座，1,300 多間，素有「康南黃教聖地」之稱。[32]

---

31 張正明：《甘孜藏區社會形態的初步考察》，四川省編寫組：《四川省甘孜州藏族社會歷史調查》（成都市：四川省社會科學院出版社，1985年），頁42。

32 參見《理塘縣長青春科耳寺調查》，四川省編寫組：《四川省甘孜州藏族社會歷史調查》（成都市：四川省社會科學院出版社，1985年），頁283。

回顧歷史，理塘寺與各時期的地方政府與中央政權均保持著密切的交往與聯繫。作為康巴地區的第一座黃教寺廟，理塘寺是在明朝萬曆年間由第三世達賴喇嘛主持由苯教（俗稱「黑教」）的邦根寺改宗擴建而成的，後來還成為七世達賴幼年時期的出家處所，與西藏地方政府的關係較為密切。該寺不僅得到過蒙古法王的經濟支持，還獲得了當時麗江木氏土司的捐助，因此在 400 年中從一座百人小寺發展成為經濟實力雄厚、機構龐大、雄踞一方的政教合一組織，勢力範圍遍及康南 5 縣。[33]

清康熙至雍正年間，由於朝廷連續對西藏用兵，理塘成為進軍官道。為滿足軍需，清廷加強了對理塘的控制，並加大了對理塘寺的支持，每年都向該寺喇嘛發放「衣單銀五百兩零九錢四分，口糧青稞一千五百七十石三斗六升六合二勺，麥六十六石八斗二升五合六勺，牛四百五十四頭，酥油八百七十八斤」。直至清末趙爾豐「改土歸流」之後方告停止。[34]

民國十五年（1926 年），當時的西康屯墾使、四川軍閥劉成勳曾委任當時該寺的「傳號」（行政僧官）娃仁錯為理塘、巴塘、鄉城、稻城和雅江 5 縣的「五路團總」，實行法令，統帥地方武裝。西康省建省前後，劉文輝進一步加強了與理塘寺的聯繫，於民國二十九年（1940 年）委任二世香根活佛為省臨時參議會議員；民國三十一年（1942 年）又委任其為西康佛教整理委員會副主任委員及雅（江）、理（塘）、鄉（城）、稻（城）、巴（塘）、義（敦）、得（榮）、白（玉）、瞻（化）9 縣佛教宣化師；民國三十二年（1943 年）又在該寺正式建立調解委員會，審理當地民事訴訟案件。理塘寺作為政教合

---

33 同上。

34 參見《理塘縣長青春科耳寺調查》，四川省編寫組：《四川省甘孜州藏族社會歷史調查》（成都市：四川省社會科學院出版社，1985 年），頁290。

一地方統治者的地位得到進一步鞏固與加強。[35]

在迪慶藏族聚居區，作為最早傳入的佛教教派噶瑪噶舉派（俗稱「白教」）的活佛曾經得到過明朝政府的肯定，為此獲封「大寶法王」。該教派在麗江木氏土司統治迪慶期間獲得了空前的繁榮，其中還有高僧受邀成為木氏的「帝師」。[36] 15世紀初，藏傳佛教格魯派興起，且發展迅速。在激烈的教派鬥爭中，格魯派投向了日後即將控制迪慶藏族聚居區的蒙古和碩特部，並在與噶瑪噶舉派的鬥爭中獲得勝利，繼而掌握了整個迪慶藏族聚居區的宗教大權。由五世達賴與和碩特部組成的藏蒙聯軍相繼沒收了德欽三大寺（即德欽寺、紅坡寺與東竹林寺）的財產，並將原噶瑪噶舉派僧人解散，將寺院改宗格魯派。白教的衰落與黃教的興起深刻改變了德欽的宗教格局，也承襲了藏傳佛教後弘期寺院僧團與世俗權利相互交織的發展特徵。[37]

根據民國二十八年（1939年）西康省政府的統計資料，當時西康省的19個縣有330餘座藏傳佛教寺廟，喇嘛共計4萬餘人。[38]直到1954年，西康省共有喇嘛寺350餘座，喇嘛約5萬人，占藏族人口總數的11%強。[39]1957年的統計資料顯示，當時昌都地區共有寺院576座，僧尼人數達36,546人，其中以黃教寺院為主。[40]

---

35 參見〈理塘縣長青春科耳寺調查〉，四川省編寫組：《四川省甘孜州藏族社會歷史調查》（成都市：四川省社會科學院出版社，1985年），頁290-291。

36 參見趙心愚：〈略論麗江木氏土司與噶瑪噶舉派的關係〉，《思想戰線》2001年第6期。

37 參見尕藏加：《雪域的宗教：宗教與文明傳承宗派與教法儀軌》（上冊）（北京市：宗教文化出版社，2003年），頁262。

38 參見〈西康省各縣寺廟喇嘛教數目調查表〉，張保見：《民國時期青藏高原經濟地理研究》，（成都市：四川大學出版社，2011年），頁8。

39 參見楊靜仁、李子傑、鄧銳齡：〈關於西康省藏族自治區基本情況的報告〉，四川省編寫組《四川省甘孜州藏族社會歷史調查》（成都市：四川省社會科學院出版社，1985年），頁2。

40 參見〈昌都地區社會歷史調查資料〉，西藏社會歷史調查資料叢刊編輯組、《中國少

　　距離筆者多次調查的迪慶州德欽縣尼村不遠的東竹林寺，既是康巴地區著名的佛教寺院，也是尼村男性出家修行的主要去處。這座著名的格魯派寺院始建於清康熙六年（1667 年）。它的建成，完成了五世達賴喇嘛和康熙皇帝要在康區上部和下部分別修建顯宗和密宗十三寺的願望，因此由五世達賴喇嘛在 1670 年親自賜名為「噶丹東竹林寺」，意為諸事完成，了卻心願。世事變遷，這座寺院的命運也幾經沉浮。1985 年，東竹林寺被遷移到現在的新址重建，新興的寺院蓋起了高達 5 層樓的大殿，分佈在寺院周圍的僧人住房超過了 100 所。從山頂的公路上望去，層層屋簷圍繞著金碧輝煌的佛殿，儼然一座小型的市鎮。其規模雖然遠比不上拉卜楞寺、塔爾寺等藏族聚居區大寺，但「高原城鎮」[41]的作用仍然凸顯。到 2008 年，寺裏有桀通、魯主、噶達、巴卡和設孜 5 位活佛，僧人超過 700 人。曾經多次陪筆者一同前往寺院的村民拉姆說：

> 東竹林寺旁邊的房子都是寺裏和尚的，每個人有一幢，都是家裏出錢給他們蓋的，有些條件差的是幾個人一幢。我們藏族人覺得家裏有人出家學經是非常驕傲的事情，所以都會盡全力支持。[42]

　　能夠接受宗教教育的僧人是深受當地人們敬仰的。在當地人看來，男孩子能進入寺院學習，不僅是一家人的榮耀，其本身也能成為當地社會所敬重的對象。出於對宗教的敬仰，無論家人還是其它村民

數民族社會歷史調查資料叢刊》修訂編輯委員會：《藏族社會歷史調查》（四）（北京市：民族出版社，2009年），頁20。

41 尕藏加：《藏區宗教文化生態》（上海市：社會科學文獻出版社，2010年），頁75-80。

42 訪談時間：2011年2月。

對待僧人都必須認真和敬重，否則將會被視為對神明的大不敬，並將由此遭到上天的懲罰和譴責。村民卓瑪說，對於自己出家的弟弟，家人都為他提供了盡可能的關照。

> 我家弟弟在家的時候就愛乾淨，洗衣服時他的（衣服）要單獨洗，他住的房間是單獨（的）一個，衣服洗乾淨要疊得很整齊。[43]

在鎮上的信用社和郵局等公共服務場所，只要看到身披絳紅色袈裟的僧人，無論男女老幼，都會很樂意地為他們提供幫助，如照顧那些無法流利閱讀和書寫漢語的僧人。信用社的工作人員告訴筆者：

> 只要看到僧人，都要幫他們填單子啊，整這些，他們（當中的）好些（人）不會寫漢字，看見的人都要幫他們呢。[44]

從本質上說，藏族群眾對僧人的尊敬及其對與僧人有關的場所和事物的潔淨觀念其實是其文化傳統中「神聖的潔淨與世俗的污穢」觀念的具體體現。對於信仰佛教的藏族群眾而言，僧尼作為宗教職業者一心事佛，因而是潔淨的，受到整個社會的尊敬。[45]不過，當地人對僧人的稱呼顯然受到了漢文化的影響，常用的稱呼是「和尚」或「僧人」，而並非人們熟悉的「喇嘛」，這種稱呼方式明顯有異於藏族聚居區的大部分地區。

---

43 訪談時間：2011年2月。

44 訪談時間：2011年1月。

45 參見劉志揚：《鄉土西藏文化傳統的選擇與重構》（北京市：民族出版社，2006年），頁265-269。

　　在政教合一的時代，作為藏族聚居區專門的官方教育機構，寺院可以為僧人提供寶貴的教育機會（修習），傳承民族文化；同時，僧人還能通過接受教育不斷提升自己在宗教界的地位，並藉此進入政界，實現世俗權利，從此改變自己的命運，這種情形類似於中國科舉時代的「學而優則仕」。在西藏的噶廈政府中和迪慶地方的「吹雲會議」[46]制度中，僧官與俗官共同參與當地政權的政治制度得到了充分的體現。尼村一帶藏族群眾對格魯派的推崇在清代中期曾達到頂峰，因為這裏出現過一位達賴喇嘛的轉世靈童候選人，儘管他在金瓶掣簽中未能被選中，但仍然與另外一位落選的候選人一起作為達賴喇嘛「語」和「意」的化身享受「措欽活佛」的供養，這位活佛後來因為拉薩氣候寒冷而返回故鄉，噶廈政府為其在當地專門修建的宮殿因此成為享譽康巴地區的一個信仰中心。[47]

　　出家為僧為男性提升自我修為和社會地位提供了必要的途徑與人才篩選機制，同時也對社會發展尤其是人口增長產生了極大的影響。盛行於藏族聚居區的佛教信仰與大量男性出家為僧在很大程度上導致了歷史上藏族人口增長緩慢。自佛教在藏族聚居區獲得統治地位以來，寺院僧團在藏族社會中的重要地位日益凸顯，政教合一的社會制度促使大量的男性出家為僧，其中又以格魯派的興盛對人口增長的影響最甚。由於格魯派禁止教徒娶妻生子和參加生產勞動，並提倡僧人常住寺院，導致大量育齡婦女無法婚配和生育，人口增長速度緩慢。20 世紀 40 年代西康地區的調查資料顯示，出家僧人占男性總人口的 1/3 以上[48]，西藏和平解放時期的統計資料也估計僧侶占人口總數的

---

46 「吹」指代表宗教權利的寺院，「雲」指代表世俗權利的土司貴族和地方官員。參見王恒傑：《迪慶藏族社會史》（北京市：中國藏學出版社，1995年），頁142-143。

47 參見李燕蘭：《茶馬古道要地奔子欄》（昆明市：雲南民族出版社，2008年），頁4。

48 參見吳文暉、朱鑒華：〈西康人口問題〉，《邊政公論》1944年第2期。

1/4 [49]。在甘孜南部的理塘，平均每家都有 23 個喇嘛，個別的家庭甚至達到 4 至 5 個。[50]因此，有學者認為，黃教寺院集團與黃教戒律互相影響，抑制了藏族人口的增長，造成了勞動力的不足，甚至是土地荒蕪和經濟衰敗，延緩了社會的發展。[51]

然而，黃教對僧侶婚育的控制並不是絕對的，不少上層僧人仍然與他人存在性關係，甚至娶妻生子。1959 年的調查資料顯示，當時甘孜地區著名的大金寺中就存在上層喇嘛與其它僧人之間的同性性行為，甚至還有外出強姦婦女數十人的現象。該寺的大活佛亞基即在其私廟中公開娶妻並生有兒子。而寺內四大更巴之一的昂翁拿布，則因為另一喇嘛雞奸了與他經常發生同性關係的小紮巴，而派人將該喇嘛殺死。[52]

在筆者調查的迪慶州德欽縣，確實有一些女性與僧人結為夫妻。這種婚姻的發生一般有兩種情況：一是允許僧人結婚的教派的活佛所締結的婚姻；二是由於特殊原因中斷僧侶生涯組建的婚姻，但後來又恢復僧人身份的。第一種情況在當地主要為寧瑪派的活佛所組建的家庭。距離尼村不遠的水邊寺旁就居住著主持該寺的活佛一家，他被遠在甘孜的一所寺院尋找、認定為活佛的時候早已結婚生子，但還是放下家人去了甘孜的寺院。後來身體不適，他返回故里，重修了水邊寺，並在寺邊蓋起了一所新居供全家人居住，他的妻子一直陪伴在其身邊。他每天同樣要操持家務，照看田地，教育子女。東竹林寺的活佛也有過類似的經歷，他從小被認定為上代活佛的轉世靈童而被迎入

---

49 參見牙含章：《西藏歷史的新篇章》（成都市：四川民族出版社，1979年），頁159。

50 參見〈理塘縣長青春科耳寺調查〉，四川省編寫組：《四川省甘孜州藏族社會歷史調查》（成都市：四川省社會科學院出版社，1985年），頁289。

51 參見措姆：〈略論黃教對藏族地區生產及人口的影響〉，《西藏研究》1986年第4期。

52 參見：〈甘孜縣大金寺調查〉，四川省編寫組：《四川省甘孜州藏族社會歷史調查》（成都市：四川省社會科學院出版社1985年），頁313。

寺中，但突發的「文革」迫使所有僧人還俗回家務農，他也和其它普通人一樣組建了家庭，並育有兩個女兒和一個兒子。宗教政策得到落實之後，他的兒子也剃度出家，後來去往印度，至今未歸。而村裏另外一位到印度學經的僧人不僅組建了家庭，甚至還將他的印度籍妻子和兒子一起帶回村裏生活。

嫁給活佛的女性一般與活佛一起生活在寺院附近，除了可以獲得相對較高的社會地位之外，所需遵守的性別規範與當地其它女性並無二致。但其子女能夠因為父親特殊的身份和地位而享受一般人難以得到的機會和特殊待遇。在當地人看來，世上最幸福的人就是活佛的兒子，因為他們若是經商則大家都要禮讓光顧，若是從事其它的工作也會得到相應的關照。可見，當地的社會性別制度是極其嚴格的，無論是必須忍受壓抑的性別關係的多偶制家庭，還是當地普遍的一夫一妻制家庭，甚至是那些嫁給活佛的女性，都必須遵照社會約定俗成的性別規範。在當地人眼中，僧人還被認為是最能彰顯男性氣概的人。他們信守誓言，並具備極強的自我節制力與淡泊的品格，這些因素最能詮釋當地社會所推崇的「尚武」的男性理念。僧人還俗被認為是件不光彩的事情，因為這種行為代表著對信仰的背叛，不僅本人將喪失威信，其家人也會因而抬不起頭來。

寺院是男性重要的知識傳承場所和社會權利之源，同時也是政教合一時代的地區中心，享受尊榮的社會地位。例如，甘孜縣的大金寺即規定往來的路人路過寺院時不准騎馬乘轎，凡騎馬乘轎至寺門前者，必須下馬下轎，否則會立即受到斥責。[53]此外，寺院還針對女性制定了種種禁忌與規範。例如，甘孜縣的大金寺禁止婦女入寺，凡

53　參見：〈甘孜縣大金寺調查〉，四川省編寫組：《四川省甘孜州藏族社會歷史調查》（成都市：四川省社會科學院出版社，1985年），頁313。

14 歲以上的女性一律嚴禁進入寺院，凡有事到寺院，只能在門外等候。[54]民國時期考察康藏的任乃強曾在甘孜發現了一種特殊身份的女性——「活鬼」。據說，「活鬼」乃是鬼魂依附於人的身體形成的，但僅限於女性。若是娶了這種女子為妻，妻子便會在夜晚離魂魅人，假如不能得手，則會謀害丈夫。因此，當地的男性都很怕娶到這樣的「活鬼」。但奇怪的是，任先生居然發現被稱為「活鬼」的女性與在寺廟的喇嘛同居。此外，「活鬼」不能直接稱呼，如果這樣叫了，她便會恐懼地投水自殺。[55]此外，被認定為「活鬼」的女性會遭到社會的歧視。1944 年理塘婦女澤仁拉姆就因為被當地寺院認定為「活鬼」而遭到驅逐，她四處流浪乞討，生活極其悲慘。[56]

回顧當地歷史，僧人締結的婚姻一般出於兩種前提：一是自身的生理與人口再生產需要，因此通過對教義的變通或以修行需要[57]為由娶妻；二是通過教義限制其它僧眾娶妻，以確保教義的完整性。為了實現上述目的，不得不對某些女性附加特性，上文論及的「活鬼」即是典型。

（二）解脫：女性的遁世之處

從佛教在吐蕃歷史上的發展情況來看，女性出家人出現在 8 世紀，也就是佛教傳入吐蕃 100 餘年之後，最早步入佛門的女性大多數是吐蕃王室或貴族婦女，如贊普赤松德贊的王妃益西措傑和卓薩絳曲

54　參見：〈甘孜縣大金寺調查〉，四川省編寫組：《四川省甘孜州藏族社會歷史調查》（成都市：四川省社會科學院出版社，1985年），頁313。

55　參見任乃強：《民國川邊遊蹤之「西康札記」》（北京市：中國藏學出版社，2010年），頁52。

56　參見〈理塘縣長青春科耳寺調查〉，四川省編寫組：《四川省甘孜州藏族社會歷史調查》（四川省社會科學院出版社，1985年），頁295。

57　參見第四章討論「性力崇拜」問題的相關內容。

傑等。[58]雖然藏族群眾篤信佛教、尊重僧尼，但與男子相比，能夠遁入空門潛心佛學的女子相對較少。

距離東竹林寺不遠的地方，有一座雲南省境內唯一的藏傳佛教尼姑寺——書松覺母袞。史載這座寺院創建於乾隆三十六年（1771年），毀於「文革」時期，1985年在已經移建的東竹林寺原址上得以重建。根據當時東竹林寺寺主紮塘活佛的建議，新建成的尼姑寺被賜名為「塔巴林」，意為「解脫寺」。因此，與東竹林寺一樣，這座尼姑寺也是格魯派的寺院。與東竹林寺相比，塔巴寺的出家人——尼姑人數較少，全寺僅有130多人，她們來自云南、四川和西藏。除去民主改革以前入寺的20餘人外，其餘的尼姑都是最近幾十年出家的。她們在堪布（主持）的主持下，跟隨2名格幹青布（大老師）進行學習，寺中還有1名格規（執法尼）維持紀律。

尼姑，藏語稱「覺姆」。迪慶藏族聚居區的尼姑主要分兩類：一類為住寺尼姑，剃髮，穿無袖上衣，有學位等級，最高學位可達「格西」，如東竹林寺尼姑；另一類是居家尼姑，剃髮，學經修行，不結婚，無學位等級。居家尼姑在家庭中有較高地位，她們中的大多數人還掌握著家庭經濟的支配權。迪慶藏族聚居區的尼姑活動範圍較小，除每日誦讀經文、拜佛做功課外，還參加生產勞動，但不參加社會活動，不舉辦宗教法會，不做其它社會福利工作，也不到群眾家念經。[59]尼姑的學習大致可分為五個階段：出家3年以內的為初級；3年以上到擔任職務之前為中級；從開始擔任職務到擔任「翁則」（領經師）職務的階段為中上級；從「翁則」到「格規」（執法尼）的階

---

58 參見德吉卓瑪：《藏傳佛教出家女性研究》（上海市：社會科學文獻出版社，2003年），頁41-48。

59 參見閻江海：《迪慶藏族自治州民族志》（迪慶藏族自治州民族宗教事務委員，2001年），頁63。

段為高級；從「翁則」到「格規」職務卸任之後被稱為「敢松」，是寺中的最高級別。尼姑的日常著裝為深紅色的袈裟，剪去長髮，僅留一寸長，與男性僧人基本相同。

藏族聚居區為什麼有那麼多的人願意出家？在藏族學者尕藏加看來，藏族聚居區僧尼大量出家的動機大多出於以下三類：一為自覺自願的，二為家庭包辦的，三為有學習目的的。[60]但藏族聚居區女性出家者的人數與男性相比為何如此懸殊？有學者認為，這是女子在佛教上沒有地位的表現。因為按照佛教的理論，女子與男子不能相提並論，阿尼只有沙彌戒，而沒有比丘戒，因此在成佛的大道上，她們就比男子低了一級。據此，藏族女子的出家之風並不盛行。[61]

在出家的女尼中，除去少數潛心佛學的女性之外，還有不少女尼是為了脫離人世的「苦海」而遁入空門的。在這裏，她們可以不用再遵從俗世對女性的種種束縛與要求，不必承擔繁重的家務和勞動，而將自己的身心沉浸於佛學義理之中，渴望來生的救贖。因此，有研究發現，在生活勞動更為艱辛的牧區，女性的出家比例要大大高於農區。[62]在父系制度盛行的三岩地區，女尼的人數竟達 700 餘人，由於女子在當地被視為「被棄之物」，因此削髮為尼。這些女尼中的富裕者依靠父母生活，貧困者入寺苦修，甚至還可以生子，名曰「天賜行」。[63]

---

60 參見尕藏加：《藏區宗教文化生態》（上海市：社會科學文獻出版社，2010年），頁96。

61 參見柳陞祺：《西藏的寺與僧（1940年代）》（北京市：中國藏學出版社，2010年），頁50。

62 參見郎維偉、張樸、尚云川：〈四川甘孜州藏傳佛教尼姑現狀淺析〉，《西藏研究》，2002年第2期。

63 參見劉贊廷：《民國武城縣志》，《中國地方志集成・西藏府縣志輯》（成都市：巴蜀書社，1995年），頁152。

　　除了入寺修行，女性還可以選擇在家修行，以改變自己嫁人為妻的命運。在家修行的尼姑終身不嫁，與家人一同居住，平時參加少量勞動，其餘時間誦經學佛或外出參加佛事活動，甚至還可以參加商貿活動。筆者在調查中發現了不少在家修行的尼姑，而且以兄弟共妻家庭比較突出。其中的主要原因在於兄弟共妻可以有效地集中男性勞動力，家庭的經濟狀況為女性出家提供了基本的條件。

> 45歲的卓瑪30歲時出家為尼，因為當時家裏決定讓兩個弟弟安烏平措和益西共同娶鄰村的斯那拉姆為妻，組建兄弟共妻家庭。考慮到家裏的勞動力相對充足，卓瑪向父母提出了出家修行的想法，得到了同意。卓瑪20歲時曾嫁到鄰村的一戶兄弟共妻家庭，但由於婚後一直沒有生育，加上年紀較小的丈夫因為外出打工結識了一個年輕女孩而脫離了家庭自立門戶，家庭矛盾叢生，最終導致其離婚返回娘家。現在兩個弟弟和弟媳把家業操持得紅紅火火，她自己也能安心學經，還能幫助弟媳做些力所能及的家務。家裏已經商量決定，她老年之後的生活則由將來繼承家業的侄子負責。[64]

　　與同樣出家的男性相比，人們對出家女性所抱有的宗教期望並不高。一位老年婦女告訴筆者：

> 我們這裏的尼姑不多，老（年紀較大的）尼姑麼（也）有一個，去印度10多年了，某（沒）見回來過。旁邊這家有個年輕的，她是在家修行，還開了個商店呢。她的東西老是（一

---

64 調查時間：2010年8月。

般）不貴，周圍的人都愛去她那買東西。她家爸爸就是在家修行，後來麼她也出家，她家爸爸就說不用上去（到書松尼姑庵）了，就在家裏面得了。[65]

　　僧尼在社會上都擁有高於俗人的地位，受到尊重，但仍然存在著顯著的性別差異。雖然政教合一時代已經過去，寺院的教育功能也日漸淡化，但僧人仍然在普通信眾心中擁有重要的地位。女子在宗教地位上的弱勢，不僅表現在出家人數與宗教級別上，還反映在信眾對其的認可程度上。當地民眾經常開展誦經祈願活動，但很少邀請女尼到家誦經，即使她們獲得邀請，酬勞也遠低於男性僧人，因此尼姑庵的經濟狀況要比當地的寺廟困難得多。

　　通過上文的分析可以看出，同樣是出家修行，對男性而言是成就功名的「光榮之舉」，對於女性則只能是脫離苦海的「遁世之為」。甚至連最早遁入空門成為蓮花生大師的空行母的吐蕃王妃益西措嘉也曾這樣說道：「不管怎麼幹，我都不會幸福；因為我是女人，所以要遵奉佛法很難，甚至難以為生！」[66]她甚至認為：「婦女無論如何修持，總須轉身為男子，始得成佛。」[67]儘管如此，出家仍是不少女性認為「解脫」今生今世之「苦」的唯一途徑，最近幾十年出家女尼人數的迅速增多即是這種思想的生動體現。藏族社會對於兩性的宗教期待差別如此之大，深刻地反映了其中所固有的性別等級觀念。

---

65 訪談時間：2010年9月。

66 轉引自房建昌：《藏傳佛教女尼考》，《中央民族學院學報》1988年第4期。

67 轉引自任乃強：《西康圖經·民俗篇》，《亞洲民族考古叢刊》（第四輯）（臺北市：南天書局，1987年）頁137。

二　深受佛教傳統影響的納西族社會

　　元末，藏傳佛教經川西傳入納西族地區。明代中葉以後，隨著木氏土司勢力的北進，納西族地區與藏傳佛教之間的關係日漸密切。15世紀時，噶瑪噶舉派紅帽係二世活佛喀覺旺布的得意弟子曲貝益西的一名徒弟支梅巴即被木氏土司奉為「帝師」。在藏傳佛教各教派之間激烈的爭鬥中，由於木氏土司審時度勢，善於處理與各派之間的關係，藏傳佛教在麗江、維西等納西族地區得到了較快發展。從區域分佈上看，麗江、維西等地的納西族主要信仰噶瑪噶舉派（白教），而永寧地區的納西族則由於地緣關係以信仰格魯派（黃教）為主。

　　在麗江等地，由於佛教和道教在明代先後傳入，人們的信仰呈現了多元化特點；但在永寧地區藏傳佛教佔據著絕對的統治地位。無論哪一教派的寺廟和喇嘛都處於當地土司的統轄之下。喇嘛教與土司實行政教合一，寺廟的最高行政領導——堪布通常由土司的次子或兄弟世襲。堪佈設有衙門，有權審理案件。此外，寺廟還擁有很多土地和山林，向百姓收租放債，攤派各種宗教負擔和勞役。在該地區，凡是有兩個兒子的家庭必須有一人出家當喇嘛，有 3 個兒子的就要有兩個兒子當喇嘛，有的家庭竟有喇嘛四五人之多，因此永寧中心區的喇嘛人數占到了納西族男性總數的 1/3。[68]

　　由於喇嘛在社會上和家庭中享有高貴優越的地位，處處受到尊崇。他們入藏學習回來後，更是身價倍增，即便是其父母和長輩也是對其恭敬有加。因此，男子都以當喇嘛為榮。喇嘛們平時在家設經堂念經，有重大的宗教活動時才到寺院參加，生活由其家庭負擔。喇嘛

---

68 參見詹承緒、王承權、李近春等：《永寧納西族的阿注婚姻和母系家庭》（上海市：上海人民出版社，1980年），頁286。

的經堂不能隨便進入，所使用的法器和食宿用具都是專用的，別人不能隨意觸碰。喇嘛中的上層教徒完全脫離勞動生產，專門依靠從事宗教活動維持生活，凡是入藏學習的喇嘛都規定不能從事耕地和收穫農作物等勞動。

除此之外，喇嘛還憑藉著他們較高的社會地位和豐厚的財力以及常年不事生產的有利條件，到處與婦女建立阿注（夏）關係。儘管喇嘛不能結婚，但喇嘛教徒與當地婦女偶居成為一項合法的權利。每年進藏學習的喇嘛必須在出發前的五月初八日，集中在開坪鄉的「日月潭」（又名「日月和」）搭帳篷露營。在這天夜裏，每個喇嘛都要與自己的女阿夏在帳篷裏過夜，沒有阿夏的喇嘛即使花錢也要找一個少女過夜，據說不這樣做的話就不能順利到達拉薩或取得更高的學位。因此，喇嘛們把與女阿夏偶居露宿看作一項必須履行的宗教義務。[69]喇嘛教徒既可任意與女子結交阿注，甚至還可以娶妻納妾。不少喇嘛憑藉其社會地位和手中掌握的商品貨幣，利用不事生產的便利，到處同女子建立阿注關係。[70]從這一視角看來，喇嘛教在很大程度上助長了當地「阿注婚」的習俗。

在漢傳佛教勢力較為集中的麗江中心地區，有相當一部分人自願組成某一寺廟的信女，她們當中有的是官紳富人家的太太，有的是中產階級家的婦女，有的是寡婦或因沒有生養兒女丈夫又討了妾室的婦女。她們被稱為「近事女」或「憂婆夷」，俗稱「嬤嬤」，雅號又稱「善女人」，她們形成了麗江特定歷史時期中一個獨特的社會團體。這些婦女在某個特定的寺廟皈依受戒，每逢佛誕或其它佛教節日，就

---

69 參見詹承緒、王承權、李近春等：《永寧納西族的阿注婚姻和母系家庭》（上海市：上海人民出版社1980年），頁286-287。

70 參見《寧蒗縣納西族社會及家庭形態調查》（昆明市：雲南人民出版社，1988年），頁286。

各自到自己皈依的寺廟裏吃齋念佛，時間長短不等。她們當中有的人隻字不識，但經過苦學苦念能背誦好幾種佛經。這些婦女雖然沒有剃度出家，但對佛教信仰很虔誠，每次寺廟裏辦會念經，所需勞動力和費用多半由她們輪流湊齊和承擔。有必要外出化緣勸募時，她們也會積極奔走出力。例如，民國年間麗江金山寺毀於火災，寺院的正修和尚發願要另建一寺，得到該寺信女的大力支持，她們分頭到各地去募捐，兩三年後即建起了一座規模不小的正覺寺。麗江東林寺皈依佛門的「善女人」也曾經達 100 餘人。

在清代至民國年間出現這一特定的納西族信佛婦女團體，除了受佛教的影響之外，還與當時納西族婦女受到種種封建禮教的束縛、心靈受到較大壓抑的社會氛圍有著密切關聯。當時在麗江，「由於刀兵、瘟疫等災禍相繼而來，鰥、寡、孤、獨的悲劇相應增多。男人出路多，可以到處去闖。女人呢，除了自怨『前世不修，今生不幸』而外，沒有什麼可想。在這種情況下，『為來生修福』的門道也更多了。有宣傳道教、要吃長齋的；也有似儒非儒、似釋非釋，強調靜坐的；更有宣揚童女修行、『功果』特大、福壽無窮的。於是，才十七八歲的少女，也有要求來生的幸福而敢於今生苦修苦煉的」。她們或由於父母不和睦，因家庭糾紛受到較大的刺激；或由於未婚夫少年夭折，自己被說成是生辰八字太硬，克死了未婚夫；也有因未婚夫夭亡而甘願為之守節吃齋念佛，以求來世再與他續緣的。[71]

三　信仰萬物有靈的怒族和獨龍族社會

怒族早期信奉萬物有靈的原始宗教，奉行自然崇拜，崇拜山神、

---

71 參見趙銀棠：〈舊社會的麗江納西族婦女〉，《玉龍山》1985年第4期。

水神、樹神、石神等自然神靈，此外還存在圖騰崇拜、祖先崇拜和鬼神崇拜。每遇到病痛、婚喪嫁娶、採集、耕種、械鬥等，都要由巫師主持儀式，殺牲祭鬼。人們的生產生活、政治軍事無不與原始宗教密切相關，巫師則是其中重要的權力掌控者，有的巫師同時還是氏族或村社的頭人，但他們還沒有完全脫離生產勞動。

　　各地對從事各種宗教活動的巫師的稱謂有異。蘭坪、瀘水一帶稱其為「德西」、「務谷蘇」，原碧江一帶稱其為「米亞樓」或「禹谷蘇」，福貢的怒族稱其為「尼瑪」、「達施」，貢山北部一帶則稱其為「南木沙」。巫師不僅從事占卜和驅鬼活動，還兼巫醫，替人驅鬼治病。各地的巫師在主持儀式時已經出現一定程度的分工。如「德西」和「尼瑪」被認為能夠用肉眼識別作祟之人、畜的各種鬼靈，也能看見冥界的一切，因此他們能替病人到陰間把被扣留的魂魄招納回來。與之不同的是，「務谷蘇」和「達施」則精通各種咒語，通過卜卦提示作祟之人、畜的各種鬼靈，並根據需要主持祭祀家鬼、山鬼、野鬼和「外族鬼」。在上述兩類巫師中，前者的社會影響大於後者，其收得報酬也相對較高。[72]怒族社會對婦女參與宗教活動設置了多種禁忌，如婦女不能參加祭祀氏族神靈的活動，也不能參與祭祀龍樹和山神的活動，更不能討論氏族和村寨的公共事務。

　　儘管神力對婦女存在著諸多排斥，但當自身的權益受到侵犯時，婦女還必須借助神力證明自己的清白。例如，怒族社會的習慣法「神判」中，有一項是對涉及不正當男女關係的判決。相傳清代有位傈僳族姑娘嫁給怒族的一名男子，因為她長相出眾，且能歌善舞，因此引起一些嫉妒者的反感，誣陷她與其它男子有不正當行為。為證明自己

---

72 參見雲南民族事務委員會：《怒族文化大觀》（昆明市：雲南民族出版社，1999年），頁35。

的清白，她要求使用「沸水撈石」的方法進行判決。由於她能夠從沸騰的水中撈出石頭且雙手未被燙傷，因此被判決無辜，而誣陷者則被判賠償 1 頭黃牛、1 口鐵鍋，還殺了 1 頭豬招待所有主持儀式的人員。[73]

　　獨龍族信仰萬物有靈，認為一切生老病死均是由鬼神安排的，一切天災人禍都有一種超自然的力量在起作用。原始宗教中的鬼種類繁多，幾乎所有的自然物都有鬼的存在，這些鬼被總稱為「木卜朗」。此外，在獨龍族人的認識中，鬼不僅有性別之分，還存在著能生育子女的「夫妻鬼」。例如，江西鬼，獨龍語稱「玉米底包」，即位於獨龍江之西，屬女性；江東鬼，獨龍語稱「南里勒米都幾」，即位於獨龍江之東，屬男性；太陽鬼，獨龍語稱「南星勒馬都幾」，即太陽升起方向的鬼，屬女性；太陰鬼，即月亮升起方向的鬼，屬男性。

　　獨龍族的巫師有兩種，分別為「龍薩」和「南薩」。龍薩一般由父傳子，極少數傳給女兒。他們主要負責替病人殺牲驅鬼，少數還替人治病。龍薩根據病人的病情，要求以豬、雞或黃牛作為祭品。驅鬼的家庭要付給龍薩一定的報酬，如 1 把砍刀、1 個鐵三腳架或背索等，但不送酒肉或貨幣。龍薩驅鬼時身著巫師服飾，頭戴虎牙和獸皮製成的帽子，腰挎長刀和挎包，忌諱女性參與。驅鬼時供桌上要擺放酒肉和祭品，但切忌由婦女擺設，更不能使用婦女經期所釀製的水酒（認為有污物、不潔淨），只有由男子擺放的貢品、釀的酒才潔淨，鬼才會食用。假如病人的病情惡化或即將死亡，就不得不使用剽牛的方式來祭祀大鬼。沒有牛的家庭即使借債或出賣子女也必須買一頭黃牛來祭祀鬼神。剽牛是龍薩主持的一種祭祀儀式，需要刺殺整頭黃牛，除用來祭祀大鬼之外，也在年節時舉行。由於黃牛價格昂貴，在

---

73 參見史富相：〈架科怒族史料〉，《怒族研究》2006年第2期。

當地凡是能拿出黃牛進行祭祀的家庭在社會上都具有一定的地位。獨龍族人因此以剽牛為榮，不少家庭將牛頭懸掛於房屋的柱子之上以顯示其家庭的富有。

與「龍薩」相比，第二種巫師「南薩」不進行殺牲祭鬼的活動，而是採用魔法師似的治療方法為病人治病。南薩不實行家庭繼承制度，一般在氏族內部選擇繼承人，每個氏族都有自己的南薩。南薩一般由男性擔任，也有極少數由女性擔任。南薩為病人治病只收取微薄的禮物，沒有特殊的社會權利，但享有很高的社會威望，是氏族保護神的象徵。[74]

獨龍族信仰的鬼神達十幾種，遍佈人們生活的周圍，主要有山鬼、樹鬼、水鬼、地鬼、年神、河邊鬼、野鬼、虹神、山神和天神等。祭祀鬼神有特定的儀式，有的可以自行祭祀，但大多數由巫師負責。祭鬼時需要以牲畜、酒作為祭品。給病人看病祭鬼時還要殺幾頭豬，製酒要花費糧食，加上送給巫師的禮品，耗費極大。例如，村民東根‧嫡生病後請來巫師祭鬼，家裏先後殺了 3 頭豬、10 隻，用了 10 瓶酒、3 件衣服、9 背包穀蕎子，做了 1 籮粑粑，其中除部分供大家食用外，大部分都送給了巫師。獨龍族社會中的巫師還未成為專門的職業，巫師平時仍然參加勞動，但其家庭生活水準大多超過一般人家。有的巫師同時還是頭人，因此在社會上享有很高的威信。為確保神力，祭祀鬼神時有不少需要遵守的禁忌。例如，在祭祀山神時禁止女子靠近祭品站立，必須站在男子之後，因為山神尤其潔淨，女子身上的污穢之氣會惹怒山神。[75]

---

74 參見楊毓驤：《伯舒拉嶺雪線下的民族》（昆明市：雲南大學出版社，2000年），頁 129-130。

75 參見《雲南省貢山縣第四區獨龍族社會經濟調查總結報告》，《民族問題五種叢書》雲南省編寫組、《中國少數民族社會歷史調查資料叢刊》修訂編輯委員會：《獨龍族社會歷史調查》（二）（北京市：民族出版社，2009年），頁27。

在達布傑斯齊看來，「性別是說明名望與邊界的一種話語，且與維護二者的權利與意願相關」[76]。布迪厄爾也認為：「在象徵及使用的意義上，傳承知識都是為了加強經濟地位，鞏固政治權利。」[77]上述不同民族的宗教信仰賦予了男女兩性不同的性別權利和政治地位，尤其是在政教合一的藏族和納西族社會中。在西方宗教傳入之前的怒族和獨龍族社會中，原始宗教也對男女兩性不同的政治地位進行了嚴格的界定與區分。

第三節　制度化學校教育時代的性別政治建構與發展

今天，學校教育系統已經成為大多數社會中第一位的社會化機構。[78]對曾經深受佛教影響的藏族和納西族社會，以及曾經廣泛信仰原始宗教而後局部信仰天主教和基督教等西方宗教的怒族和獨龍族社會而言，隨著學校教育在當地的發展與普及，教育活動不僅幫助當地社會構建一種全新的知識體系，同時也運用一種全新的社會化模式影響著當地的性別制度，並在一定程度上對原來根深蒂固的社會性別等級觀念產生了引導與消解作用。

一　封建帝制時代的學堂教育

最早進入三江併流峽谷的制度化學校可以追溯到元代開始建立的

---

76 轉引自〔美〕羅伯特・C. 尤林著，何國強、魏樂平譯：《陳年老窖：法國西南葡萄酒業合作社的民族志》（昆明市：雲南大學出版社，2012年），頁217。

77 同上，頁15。

78 參見哈經雄、滕星：《民族教育學通論》（北京市：教育科學出版社，2001年），頁413。

儒學孔廟。「時任雲南平章政事的賽典赤・瞻思丁及其子大力提倡儒學，雲南諸郡邑遍立廟學，選文學之士為教官，於是文風大興。」[79]元至元六年（1269 年），中書省制定學制並頒佈實行令：「諸路官府子弟均須入學。」明代由於「世代忠誠」朝廷的木氏土司崇尚漢文化，因此大量聘請中原內地的文人學子到麗江向其子弟教授漢文化，並專門建立了玉嵩書院和萬卷樓。

　　然而，土司的推崇和朝廷的敕令並不意味著儒學教育可以因此在民間得到廣泛且深入的發展。直至清康熙年間，孔子的第66代孫孔興詢到麗江擔任通判官職的時候，他看到的情形仍然是當地既沒有為公眾設立從事儒學教育的學堂，也沒有孔廟。於是，在他的大力倡議下，麗江府設置了儒學署，安置教授、訓導各 1 名，負責掌管全府境內的學務和學署的教學事宜。10 年以後，又在通判樊經的主持下創辦了玉河書院，平民入學的機會開始逐漸增多。到光緒年間，納西族的入學教育已經有了相當的發展規模和水準，全境內開設了雪山、玉河和天雞 3 個書院，另外還有 31 個遍及城鄉的義學館。[80]不過，這些廣泛發展的儒學學署中並沒有女性的身影，無論是教師還是學生都是男性。

　　除了官府興辦的學署，民間的私塾也是當時重要的教育機構。在這個由村民集資或由富裕家族出資興辦的教育空間中，女性終於得到了有限的教育機會。

79　〔明〕宋濂等撰：《元史・賽典赤・瞻思丁傳》（北京市：中華書局，1976年），頁3063-3067。

80　參見楊福泉：《多元文化與納西社會》（昆明市：雲南人民出版社，1998年），頁84-88。

二　現代學校教育的興起

　　光緒年間，隨著戊戌變法席卷全國，舉辦新式學堂的社會風氣也傳到了三江併流峽谷的邊地社會。光緒三十一年（1905年）清廷正式廢除科舉，興辦學校。在麗江，當時的縣令張嘉壁與當地舉士合作，在原有的3個書院和30多個義學的基礎上創辦了納西族地區第一座新式學堂——麗江高等小學堂。1906年，麗江知府彭繼之主持創辦了麗江府中學堂，這也是雲南省繼昆華和大理之後創辦的第三個中學堂，因此稱之為省立第三中學。

　　與以往官府的學署和私塾不同的是，新學堂的學生接受的是新式教育。他們學習物理、化學、動物、植物、礦業、史地、音樂、圖畫等課程，並受到新文化運動和「五四運動」思潮的影響，大力提倡科學與民主的思想，反對舊的思想道德觀念，提倡改良風俗、破除迷信，主張男女平等。

　　甘孜地區的學校教育始於光緒三十三年（1907年），時值趙爾豐在康定設立川邊學務總局，延聘吳嘉謨為學務總辦。宣統三年（1911年），設學區域北至鄧柯、南至得榮、東至康定、西至金沙江以西。[81]

　　清末民初以前，整個迪慶藏族聚居區基本上沒有現代意義上的學校教育。經堂和寺院是唯一可以傳授正規文化和知識體系的場所，但受眾者僅限於僧人，且絕大多數是男性。極少數的富裕人家和土司貴族家庭的子女，則可以在家中接受專門的文化教育。成書於光緒年間的《新修中甸志書稿本》中記載：當地自改土歸流之後設置文學，文風才稍有起色。

---

81 參見《甘孜藏族自治州概況》編寫組：《四川甘孜藏族自治州概況》（北京市：民族出版社，2009年），頁298。

　　晚清民國時期，一些可以教授漢文和藏文的私塾逐步開始在藏族聚居區興辦起來，這類私塾的辦學形式靈活多樣，學費可用多種形式進行支付。有學生家長合辦聘請先生的，有頭人或富裕家庭獨聘先生在家教授的，有收徒做工並教授文字的，更為普遍的是利用早晚空餘時間向識字人請教（一般學藏文）的，寺廟則有一個師傅教授一兩個徒弟誦經、識字的制度。當地一位生於 1905 年的老人曾回憶過自己在私塾的學習經歷：

　　　　民國三年（1914 年）起，曾在本村舊衙門讀過 3 年漢文私塾，老師是石英土司王慶蘭[82]家的師爺趙某（趙棠之父），學生有 10 多人（多半是漢籍子弟）。在此期間，其宗人姚玉林也曾在奔子欄教過書。到民國二十四年（1935 年）前後也辦過三四年塾堂，教師是趙棠，學生有 10 多人。[83]

　　除漢文私塾以外，迪慶德欽一帶在 20 世紀 50 年代前也開辦過純粹的藏文私塾，學生們半工半讀，半天做木器陶工、半天學藏文。而政府興辦的學校雖然自民國八年（1919 年）前後就開始出現，但由於辦學經費來源於群眾攤派，入學也是強制性的，因此遭到當地居民的反對，加上經費缺乏、時局混亂，因此學校時辦時停。20 世紀 50 年代前後，分散於德欽境內的 10 多所私塾後來逐步調整為公辦小學。[84]

　　1919 年，維西縣曾經對縣域內的學校狀況進行了調查，調查顯

---

82 石英應為「石義」，王慶蘭應為「王慶瀾」，筆者校注。
83 轉引自巴桑衍蕎：〈德欽舊制教育〉，中國人民政治協商會議雲南省德欽縣委員會文史資料委員會編：《德欽縣文史資料》（第一輯），頁138-139。
84 同上。

示當時在奔子欄官方開辦的國民小學有教員 1 人、生徒 21 人、畢業生徒 11 人，年度支出經費 41 元 6 角 6 仙。教員的人數和支出的經費額度與另外一所官辦小學完全一致。[85]在中甸縣，民國二十五年（1936 年）秋開始設立省立小學，共有學生 181 名。[86]這些有限的資料中沒有記錄學生中是否有女性，以及教學的具體情況和師生關係。不過，這些學校大多沒有專門的固定的校舍，一般都就地開辦於當地的會館、廟宇等宗教場所中。教育制度不規範，加上時斷時續，教育收效甚微。

在怒江地區，直至清末，經兼辦怒俅兩江事宜夏瑚的再三請求，清廷才批准於 1910 年在貢山的茨開和菖蒲桶開辦 2 所漢語學堂，其目的是要開化夷民，使邊夷人民逐步學會漢語、掌握初等文化等，以鞏固邊防，此為怒族地區學校教育之始。[87]

民國元年到民國二十五年（1912-1936）間，政府在當地設立過不少新式學校，如漢語學校和省立小學。國民政府實施的「土民教育」（1931 年）和「苗民教育」（1923 年）計劃實施後，學校教育在當地得到了初步的發展。其目的是「推廣土民教育，喚醒土民之覺悟和素質，增強國防力量」。1936 年省立碧江小學招收了 4 名女生，開創了怒族女性接受學校教育的新歷史；同年，貢山、福貢兩縣開辦的小學達到了 18 所，不少女性走進了政府開辦的學堂。然而，隨著 1937 年抗日戰爭的爆發，政府收縮了教育投入，教育經費枯竭，不少學校被迫先後關閉。同時，由於學校管理不夠完善，教育成效甚微。

---

85 參見屆之春等輯：《雲南維西縣地志全編》（維西縣1921年印抄本），雲南省圖書館藏。

86 參見雲南省中甸縣地方志編纂委員會：《中甸縣志》（昆明市：雲南民族出版社，1997年），頁15、118。

87 參見〔清〕夏瑚：《怒俅邊隘詳情》，方國瑜主編：《雲南史料叢刊》（第十二卷）（昆明市：雲南大學出版社，1998年），頁158。

　　根據當時碧江縣人民政府教育科科長彭維祺的調查，這些學校給當地培養的人才「只不過六七人」。由於文化差異巨大，加上政府強迫怒族和傈僳族等子弟上學，他們只能雇別人家的小孩去頂替。由於上學者極不穩定，因此他們只好今年雇這家，明年雇那家。但「能持續就讀三五年的十中無一」。同時，雇去上學的小孩，戰戰兢兢，好像上戰場一般。傈僳族和怒族家庭寧願一年掏 30 元錢雇人頂名，也不願把自己的子女送去讀書。1950 年，福貢首任縣長李世榮曾在全縣各民族代表座談會上說：

> 在舊政府時期，曾辦過漢語學校、簡易師範、省立小學，但完全失敗，傈僳、怒蘇（怒族）把受教育和對國民黨服兵役一樣看待。30 多年培養出 7 個人。其中一兩人稍可做事，其餘都趕不上內地四年級學生的程度。這就是解放前福貢的教育史。[88]

　　在獨龍江，1910 年貢山的茨開和菖蒲桶建起了兩所學校，每校各有學生 10 餘名，但這些學生多為內地遷居的客籍戶子弟，當地的少數民族即使家境較好者也很少有送子女入學的。民國時期，政府先後在獨龍江的鄰近地區開辦過 4 所學校，招收學生 290 餘名。但在獨龍族人聚居的河谷地帶則從未設立過學校。直到 1950 年，獨龍族人中只有 2 人在內地受過教育，初識文字。[89]

　　可見，制度化學校雖然於晚清民國時期進入了三江併流峽谷，但由於時局不穩、管理不善、推行不廣、教育制度不規範等原因，政府

---

88 轉引自《怒江區概況》，雲南省編輯組、《中國少數民族社會歷史調查資料叢刊》修訂編輯委員會：《中央訪問團第二分團雲南民族情況彙集》（上）（北京市：民族出版社，2009年），頁22。

89 參見林木：《獨龍族教育簡況》，《民族教育研究》1991年第2期。

所推行的學校教育對當地社會發展所發揮的作用極其有限，甚至還產
生了一定的負面影響，使民眾對學校教育的理解產生了認識上的偏
差，在一定程度上阻礙了學校教育的推行與深入。

三　現代學校教育的發展與變遷

　　1950 年以後，在黨和政府的大力扶持和關懷下，學校教育逐步
在三江併流地區發展起來。

　　雲南迪慶藏族聚居區最早的學前教育是 1951 年德欽昇平鎮人民
小學所設置的第一個幼稚班，當時有學生 52 人。1960 年，德欽縣正
式成立幼稚園，當年招收 1 個班，有教師 2 人。1981 年，奔子欄鄉
完小開始招收幼兒班，到 1989 年，全縣共有幼兒班 23 個。[90]1951
年，奔子欄建立了省立小學。[91] 1959 年德欽全縣和平協商民主改革
基本完成之後，全縣每個鄉（行政村）都有了小學，學校達 37 所，
學生 3,177 人，教職工 104 人。[92]德欽縣的中學教育開始於 1958 年創
立的縣初級民族中學。奔子欄完小於 1969 年開辦附設初中班，1976
年在當地開辦了第一所普通初級中學，稱為德欽縣第四中學，1987
年改稱為奔子欄中學，其間曾短暫開辦過高中班。[93]

　　在甘孜地區，1955 年全州有小學 103 所，招生人數為 2,166 人；
中學僅有 1 所，當年畢業生人數為 59 人；中等專業學校 1 所，招生人
數為 38 人。文盲占當時農牧民人口的 90% 以上。全州各縣建有文化

90　參見德欽縣志編纂委員會：《德欽縣志》（昆明市：雲南民族出版社，1997年），頁
　　258。

91　同上，頁260。

92　同上，頁261。

93　同上，頁265-266。

館 9 個，公共圖書館 1 座，有線廣播站 1 個。[94]到 1998 年，甘孜州有小學 1,227 所，在校生 81,384 人，適齡兒童入學率達到了 82.27%；建有普通高校 1 所，在校生 1,487 人；中等專業學校 8 所，在校生 3,830 人；普通中學 38 所，在校生 13,274 人；職業中學 3 所，在校生 469 人。全州 10 個縣 79 個鄉（鎮）實現了普及初等教育。[95] 2006 年，甘孜州有普通高校 1 所，在校生 6,667 人；中等專業學校 2 所，在校生 1,588 人；普通中學 43 所，在校生 31,534 人；職業中學 3 所，在校生 844 人；小學 877 所，在校生 100,110 人。[96]

在怒江地區，於 1949 年 10 月下鄉的工作隊一邊進行政策宣傳，一邊和各族紳士商量恢復學校。先後在第一區的普羅、俄羅、罕古圖、色碟等 4 村，在第二區的老母登、亞各、架弩、俄柯洛、南安甲、阿打等 6 村，在第三區的寄秀果、俄充、理悟底、察拉答、勒墨咱卡等 5 村，在第四區的俄戛、托拖、掛利登、亮塔等 4 村，以及碧兔區的甘本、又岩等 2 村分設初級小學 1 所，知子羅設立完小 1 所，全縣共有學校 22 所，學生 600 餘名。[97]到 1950 年，福貢縣保送了 3 個學生到內地升學，同時還委派了本地教師 2 人到昆明學習。上帕完小有學生 86 人，教員 4 人。吃糧由學校撥給；學校沒有公雜費，需要時到人民政府去領。上學的學生吃住都在學校裏，除了自己背柴，

---

94 參見中共甘孜州黨史研究室：《甘孜藏族自治州民主改革史》（成都市：四川民族出版社，2000 年），頁 129。

95 參見中共甘孜州黨史研究室：《甘孜藏族自治州民主改革史》（成都市：四川民族出版社，2000 年），頁 129。

96 參見甘孜州統計局：〈甘孜州統計年鑒（2007）〉，根旺《民主改革與四川藏族地區社會文化變遷研究》（北京市：民族出版社，2008 年），頁 74。

97 參見《怒江區文教衛生情況》，雲南省編輯組、《中國少數民族社會歷史調查資料叢刊》修訂編輯委員會：《中央訪問團第二分團雲南民族情況彙集》（上）（北京市：民族出版社，2009 年），頁 21。

鹽巴和菜由縣裏供給。[98]到 1998 年，怒江州有各級各類學校 1,250 所，在校學生 79,150 人，適齡兒童入學率達到了 93.76%。

在獨龍江地區，最早開辦的學校始於 1951 年。到 1984 年，獨龍族聚居的地區已建立小學 20 所，貢山縣城還建起以獨龍族、怒族為主的民族初中班和民族寄宿小學。此後，當地每年都從獨龍族學生中招收品學兼優者，集中到縣一中重點培養，部分優秀學生還可以到昆明、北京等內地高等學府深造。[99]

雲南省在邊境沿線的中小學生中實施免除「雜費、課本費、文具費」的「三免費」教育政策之後，獨龍江的學校教育有了較快發展，入學率從 1999 年的 89.7% 提高到 2003 年的 98.1%，鞏固率從 1999 年的 90.5% 提高到 2003 年的 97%。[100]

根據當地的義務教育政策，迪慶藏族聚居區所有農村戶口的孩子入讀義務教育階段的學校免收學費、課本費，每月還可以獲得初中 180 元、小學 160 元的現金補貼，這筆費用按每學期 5 個月、全年 10 個月發放，新學期開始時一次性發放。有了這筆現金補助，失學輟學的孩子大幅度減少。不少擁有一位國家公職人員的家庭，為了使孩子享受到這一優厚待遇，主動放棄了孩子的城鎮戶口，轉落了農村戶口。各種保障性措施的實施極大地節約了家庭的教育投資，有效動員了當地家長送適齡兒童入學的積極性，學生的輟學現象已較為少見。[101]

尼村村民接受教育程度的整體狀況反映了文盲人口在總人口中所

98　同上，頁22。

99　參見林木：〈獨龍族教育簡況〉，《民族教育研究》1991年第2期。

100　參見奔廈‧澤米：〈獨龍族基礎教育需跨越式發展〉，《雲南師範大學學報》（哲學社會科學版）2004年第5期。

101　調查時間：2011年2月。

佔的比例仍然較高，超過 70% 的人僅接受過小學教育，並且在文盲人口中女性的數量要明顯多於男性，文盲人口占女性人口總數的近 40%。在進入小學教育階段之後，女性和男性之間的差距出現了逐步縮小的趨勢，這種變化顯示了當地人在教育投資方面並不存在明顯的性別傾向性，尤其是在高中及其以上的受教育階段的人口數量也顯著表明了女性已經從最近幾十年來的教育發展中受益。此外，在目前的文盲人口中，青壯年及義務教育階段的適齡入學者所佔的比例並不高，表明當地人口整體受教育狀況已經得到了明顯改善。

尼村中小學在校生情況記錄顯示，當地男孩和女孩的入學率幾乎是相等的。筆者所搜集到的案例也沒有反映人們在教育投資與期望方面存在明顯的性別差異。最近 3 年中，當地唯一的一例輟學案例也是由於學生因病殘疾無法堅持繼續上學。女孩可以和男孩一樣持續不斷地接受教育，甚至進入高等教育領域。在當地一般家庭中，只要孩子具備上學的能力，家人都必須盡力地支持。

> 村民尼瑪家的新房已經建了 2 年，但原本計劃修建 3 層的房子僅完成了 1 層，由於院牆的阻擋，從外面路過的人時常會認為這裏是一處遭到廢棄無人居住的院落，高高聳立的龍骨木料已經被風雨侵蝕出斑斑印跡。但這所房子完成的時間還遙遙無期，目前全家老小僅居住在第一層的 2 個房間內。房子遲遲不能完工的直接原因是家中一個兒子一個女兒都在縣城讀高中，每年不小的花費佔據了這個家庭大部分的經濟收入，建房的事情只能暫時擱置下來。[102]

---

102 調查時間：2010年7月。

　　從這個角度來看，多偶制家庭的優勢再次凸顯：充足的勞動力為家庭創造了多樣化的收入管道，相對富裕的家庭條件也為多偶制家庭的子女接受長期的教育奠定了基本的經濟基礎。根據當地的實際情況，子女接受教育的大筆花銷主要發生在初中以後。以當地人的平均結婚年齡計算，此時家長的年齡大部分接近 40 歲，正是事業發展的黃金時期，家庭所擁有的多個勞動力所創造的價值也會充分體現出來。筆者的實地調查顯示，2009 年全鎮（包括尼村在內共 5 個村）戶籍所顯示的 76 名在校高中學生中，有 53 名來自尼村，其中包括了 25 名女生，這些高中生中有 18 人來自兄弟共妻家庭。

> 37 歲的阿七和 35 歲的弟弟那楚共娶一妻，育有 16 歲的長女魯茸取次和 15 歲的次女次裏拉姆。現在長女上初三、次女上初二，都在離家較遠的縣城上學，通常只有假期才返回家中。家裏每個月需要給兩個女兒各準備 500 元的生活費，再加上一些零散的開支，全年共計約 15,000 元，但他們家並不覺得這是一筆沉重的負擔。因為阿七目前從事的木碗手工藝製作每月可收入約 3,000 元，弟弟那楚搞短途汽車運輸每月也有不低於 2,500 元的收入，家庭年收入超過 6 萬元。妻子和母親操持家務，家裏除生活開銷之外供兩個女兒讀書還綽綽有餘。[103]

　　阿七家的情況在當地的兄弟共妻家庭中較為常見，因此這類家庭的孩子往往可以擁有相對優越的生活條件和受教育機會。相比而言，缺乏男性勞動力的姐妹共夫家庭以及一夫一妻家庭的情況就要相對艱難一些。

103　調查時間：2010年8月。

今年 20 歲的追姆出生於一個姐妹共夫家庭，她的大媽媽長期
生病，家裏只有爸爸和小媽媽操持家業，家庭經濟狀況較為艱
難。追姆還有一個比自己小 2 歲的弟弟。由於經濟狀況的限制
和勞動力的缺乏，追姆和弟弟都只念到小學畢業就回家務農
了，儘管當時她的學習成績一直十分優秀。[104]

與之相比，一夫一妻制家庭的孩子則要面臨更高的輟學風險，只
要家庭出現重大變故，如父母離異、患病、失去勞動能力或死亡，孩
子一般都不得不選擇中斷學業。不過，初中畢業能升入高中的孩子畢
竟是少數，其中藏文中學對學生和家長的吸引力要大大高於縣城的普
通中學。因為在這裏學生不僅可以接受系統的藏文訓練，還可以享受
高考加分的特殊政策，成績優異者甚至可以被保送到中央民族大學、
西南民族大學等名牌院校就讀。因此，報考藏文中學的考分近幾年來
一路攀升，甚至已經高過縣城和州府的重點中學好幾十分，當地人追
逐考分的風氣也正在悄然形成。

四 現代學校教育的期望與收益

自從正規的學校教育體系在當地逐步建立以來，作為學校教育活
動組成部分的課程和教材也全部使用了全國統編的版本，教師的教學
方法與學校的管理制度也並沒有充分考慮各地的文化差異與學生的接
受能力。因此，主要面向漢族學生的統編教材的內容未必適合其它民
族學生的心理和文化背景，而教材所蘊含的知識系統、價值系統也難
免由於語言的障礙，或者是歷史人文背景的差異難以對少數民族學生

---

104 調查時間：2011年2月。

發揮應有的教育成效。[105]因為這些原因，少數民族地區的學生在接受學校教育時往往難以獲得較好的學業成績。近年來，少數民族文化教育逐步受到各級政府的重視，藏文教育也在迪慶州的各級教育機構開展起來。截至 2009 年，不僅當地的小學開設了藏文課程，而且政府機關的工作人員也安排了專人每周定期學習藏文，多元文化的教育理念開始逐步進入普通的學校教育領域中。

如果說出家為僧是政教合一時代當地男性提高自身社會地位最為有效的途徑的話，那麼現代學校教育則顛覆了傳統社會對性別及社會等級的劃分，為受教育者提供了平等接受文化知識、提升自我修養以及向上層社會流動的通道，並使教育活動從原來地方社會的文化傳承方式轉變為一種超地方的「國家事業」[106]，而受教育程度及豐富的人生經歷所產生的地位與權利資本也成為當地人獲取職業和社會地位的基礎。如果說分配時代的教育體制帶給受教育者的是難能可貴的就業機會的話，那麼現在必須通過競爭激烈的上崗考試才能得到國家公務員或事業單位的就業機會則更加體現了平等的教育觀與人才觀。藏族聚居區機關單位優越的福利待遇刺激著家長和學生為了獲得國家公職而不斷參加競爭激烈的上崗考試。在筆者採訪過的當地在校大學生中，畢業之後的理想就業途徑也大部分集中在上述領域。

學以致用是當地人對教育目的最直觀的理解。對大多數家長和學生而言，不斷接受教育的主要目的在於將來能夠得到一份體面的工作，以獲得相應的收入和社會地位，成為家庭經濟的貢獻者和家庭榮譽的創造者。無論男女，只要能夠成為富裕且受人尊敬的人，在當地社會中都被視為成功者。雖然不少開展商貿活動的家庭希望子女可以

---

105 參見哈經雄、滕星：《民族教育學通論》（北京市：教育科學出版社，2001年），頁171。

106 參見王銘銘：〈教育空間的現代性與民間觀念〉，《社會學研究》1999年第6期。

繼承祖業，但能夠成為國家公職人員仍然是大多數人的嚮往。假如學生無力繼續學業，那麼家長也會尊重子女自己的選擇，讓其從事自己力所能及的職業，如經商、手工業、運輸業或者其它可以獲取收入的正當工作，並會盡力提供支持。

近年來，三江併流峽谷各族考入大學的人數在逐步增加，由於不少民辦高校的在讀學生情況沒有記錄，因此本書對這一問題的分析也不夠完整。當地人對教育的重視已經體現在當地較為繁榮的經濟和發達的社會文化中，如當地經濟的發展在藏族聚居區已廣為人知，廣泛普及的教育也使當地出現了不少民族幹部和知識分子。據統計，自20世紀50年代學校教育在當地普及以來，德欽縣尼村通過接受教育途徑成為國家公職人員的人數已經接近200人，當中還有幾位曾經在州級各部委擔任過領導幹部。其中，從土司家的奴隸身份轉變為州級女幹部的央宗尤為引人注目。生於1929年的央宗18歲時被賣到地主家抵債，23歲時跟隨民族工作隊到麗江民族幹部培訓班學習，後來又進入雲南民族學院深造，並於1957年加入了中國共產黨；1963年，她開始擔任德欽縣婦聯主任，後來又先後擔任過縣人大常委和州民政局局長等職務，退休後回到老家。[107]

可見，現代學校教育已經初步消除了當地人接受教育的社會性別差異。通過接受現代國民教育，不少女性已經突破了「男主外、女主內」的空間限定範疇，成為有知識的人，可以在各級政府部門中擔任職務甚至要職。然而，與其它通過婦女解放道路走進「新社會」的女性一樣，她們仍然不得不繼續遵守包括在公共領域和私人領域中傳統文化對女性的限制。

---

107 調查時間：2010年7月。

小結

　　無論是濡化還是教化，都是每個社會重要的再生產方式，也是個體獲得符合社會規範的個人身份的必經之途。惡劣的自然條件使得三江併流峽谷區域文化教育發展落後，造成人口素質較低；過度稀疏的人口分佈使得區域內極其缺乏勞動力，有限的勞動力集中在自然條件相對較好的局部區域內，以橫斷山脈三江流域的河谷地帶為主。

　　在本書所考察的 4 個民族中，性別政治的代際傳遞問題呈現了極其鮮明的階段性，同時也透視了不同社會對男女兩性截然不同的性別期待。家庭與社區是個人社會性別形成與塑造的重要場所，通過著裝、遊戲、勞動與道德教育等方式不斷強化「男主外、女主內」的勞動分工形式以及「男高女低」的社會等級結構，並通過宗教教育的形式在社會中進一步地鞏固與強化。以國家意志為轉移的制度化學校教育通過其規範化的內容、形式、手段與成效，在一定程度上打破了當地傳統文化對社會性別的內外空間區隔與培養期待。男女兩性學習與模仿的對象範圍產生了擴大的趨勢，學習對象出現多元化現象，傳統的家庭觀與婚姻觀因此受到衝擊，加上法制觀念的普及，傳統性別權利與政治格局的存在與延續正在受到更加嚴重的威脅與挑戰。

第六章

雙重邊緣地帶的社會文化場域：外來話語注入與新女性的崛起

　　正如本書第一章中所回顧的那樣，三江併流地區地處極邊，大部分地區氣候高寒、交通險阻，長期被外界視為鞭長莫及的遐荒之地。由於山河阻隔所造成的相對獨立狀態和生產方式上的優劣互補，山川和平壩結構的社區形成相對自給自足的封閉系統，從而使之在歷史上長期處於部落林立、土司遍野、互不統屬、極端分散的「小國寡民」狀態中。然而，歷代中央王朝和各方勢力從未停止過對這片區域的試探，生活在諸峽谷中的各個民族也在互有差異的歷史進程中接受著不同文化的裹挾與衝擊。正是在這樣的社會場域中，身處其中的男女兩性亦經歷並構築著不同的性別權利文化。

第一節　內地與邊疆：「化外之地」的地緣政治與族群階序

一　中央王朝的權力進程

　　儘管金沙江和瀾滄江流域早在秦漢之際即與內地中央政權發生聯繫，但由於隋唐時期中原政權與吐蕃之間曠日持久的拉鋸戰，使得此一區域時而近唐時而附蕃，直至元初全國統一，才因其舊制，設置土司。明朝沿襲元制，沒有大的變化。明末，青海蒙古和碩特部南征康

區，由於時值明亡清興，朝廷無暇顧及，直至清雍正五年（1727年），清廷打敗和碩特部，才將整個康區納入朝廷，並將昌都地區及金沙江以東地區各土司劃歸四川管轄，朝廷在此地的統治始得鞏固和深入。在位置更為偏僻的怒江和獨龍江流域，土司則成為朝廷的主要代理與政策執行者。

雍正五年（1727年），維西康普納西族女千總禾娘率其統轄的瀾滄江、怒江、獨龍江流域的傈僳族、怒族、獨龍族等屬民歸附清朝。2007年，在維西縣康普鄉壽國寺發現了一幅反映這一歷史事件的壁畫。經初步考證，該壁畫繪於清乾隆年間，其內容生動反映了禾娘率屬民內附的場景和對藏傳佛教的信仰，真實印證了這一重要史實。[1]

歷史勾勒出三江併流峽谷曾經風雲變幻的政屬變遷歷程：這裏曾經為吐蕃政權和南詔所統治，但在隨後的大理國時期，其控制地區即北止於麗江北部，不再擁有迪慶藏族聚居區的實際管轄權，對於怒江和獨龍江等地區更是望塵莫及。方國瑜先生這樣寫道：「故自南詔後，麼些之境大理不能有，吐蕃未能至，宋亦棄其地，成甌脫之疆，經三百五十年之久。」[2]

歷代中央王朝對這片區域的控制與統治在很大程度上是通過以土司群體為主的代理人實現的。由於交通阻隔，朝廷及其代理者政治權利的延展始終是有限的，因此更多地表現為具有一定臣屬象徵意義的經濟剝削。[3]可以說三江併流地區位處「雙重」的邊緣地帶，一是對於傳統中央政權來說其處於遠離中心的邊緣，二是對於以漢文化為中心的主流社會來說其屬於主流文化之外的「他者」。由於鞭長莫及，

---

1 參見李鋼：〈「女千總內附」壁畫的發現與初步研究〉，《中國藏學》2012年第2期。

2 方國瑜：《方國瑜文集》（第四輯）（北京市：雲南教育出版社，2001年），頁60。

3 參見高志英：《藏彝走廊西部邊緣民族關係與民族文化變遷研究》（北京市：民族出版社，2009年），頁208。

歷代朝廷大多實行「因其俗而柔其人」與「僧俗並用、軍民通攝，土官治土民」的羈縻政策，任用當地的酋長頭人施以統治。[4]

　　儘管歷代王朝不斷推進其政治權利的深入，但三江併流諸峽谷與外界的接觸是一個漫長的過程。正如中央政權在當地緩慢的滲透過程一樣，當地人在不斷與外界的接觸過程中亦經歷著不斷的影響與衝擊。

二　三江併流諸峽谷的區域政治與族群階序

　　唐代吐蕃勢力崛起，藏族逐步成為分佈在青藏高原東南緣的金沙江和瀾滄江流域廣大地區的主要族群。明代木氏土司勢力北進西擴之後，納西族的分佈區域也從原先的滇西北地方擴展到了川、滇、藏交界的金沙江、瀾滄江及其支流無量河和雅礱江流域的廣大區域，並且成為控制這片區域的主要統治力量。在怒江流域，隨著明代以後傈僳族的大量遷入，怒族逐漸成為被其統治的民族，不僅被迫納貢，甚至被俘虜或買賣成為奴隸。[5]與北遷進入藏族聚居區的納西族相似的是，東來的傈僳族給怒族社會帶來了相對先進的生產方式，並通過推動其社會生產力的發展促使原先長期存在的氏族公社轉變為家族公社，個體家庭因而得以在私有制的不斷發展中逐步形成。從怒族的生活習俗、飲食起居和建築服飾等方面可以看出，傈僳族對怒族社會的影響是多方面的，不論是物質生活還是精神生活。

　　清代以後，隨著木氏土司勢力的日漸衰落，三江地區的區域政治

4　參見李國強：〈清末以來康區行政區劃的演變〉，中國人民政治協商會議甘孜藏族自治州委員會：《甘孜州文史資料》（第十六輯）（1998年），頁123。

5　參見《怒族社會概況》，《民族問題五種叢書》雲南省編輯委員會、《中國少數民族社會歷史調查資料叢刊》修訂編輯委員會：《怒族社會歷史調查》（北京市：民族出版社，2009年），頁5。

發生了劇烈變化。一是隨著朝廷勢力的逐步滲透和漢族人口的日漸增多，統治者對當地民眾信仰的限制和取締以及隨之發生的盤剝、欺凌事件，導致了當地少數民族與漢族及其官員的矛盾，並直接引發了以維西恒乍繃起義為代表的族群衝突；同時，在怒江和獨龍江流域以東和以北的地區，由於地緣上的接近，以察瓦龍藏族土司為代表的藏族地方勢力也逐漸將其觸角延伸到這一地區。[6]

察瓦龍領主對獨龍江和怒江北部的統屬關係始於清初，當時統治該地區的康普女土司禾娘因丈夫和兒子早死，遂將這一區域送給察瓦龍喇嘛寺作為丈夫和兒子的超度糧錢。據說，女土司並不是心甘情願地將兩江送給喇嘛寺的。當時，她的兒子病了，請喇嘛來看，答應病治好後將兩江地區的稅收送給寺院作為香火費，但不幸的是兒子不治而亡。喇嘛解釋說這是天上要她的兒子，他的命只有這麼長，女土司不服，喇嘛便將「楚巴」（藏袍）掛在天上遮住太陽，女土司畏懼其神力，才將兩江送給了察瓦龍喇嘛寺。[7]

自此，察瓦龍土司每年都要兩次派人到這裏收取「超度糧錢」。一次在 6 月，主要是放債，即將鹽巴攤派給各戶，也就是強迫購買，規定秋後以黃連、貝母和皮革等山貨支付；第二次在 10 月，一方面收納貢稅，另一方面收回 6 月放出的債務。土司委派的收稅官對當地人過於殘暴，人民反抗激烈，儘管爆發過多次反抗鬥爭，察瓦龍土司對當地的統治仍然持續到 1950 年。[8]夏瑚曾這樣記述察瓦龍土司對獨龍族地區的殘酷統治：

6　參見高志英：《藏彝走廊西部邊緣民族關係與民族文化變遷研究》（北京市：民族出版社，2009年），頁145-182。

7　參見《雲南省貢山縣第四區獨龍族社會經濟調查總結報告》，《民族問題五種叢書》雲南省編寫組、《中國少數民族社會歷史調查資料叢刊》修訂編輯委員會：《獨龍族社會歷史調查》（二）（北京市：民族出版社，2009年），頁17。

8　同上，頁16-19。

> 擦（同「察」）瓦龍千總，亦每年遣人收受錢糧一次，所收繫
> 茵布、毛革、篾簸之類。……惟擦瓦龍除收錢糧外，土弁家
> 丁，坐守喇卡塌等處，按賣沙鹽、毛布等項貨物，值一售什；
> 該等到境，貨物則勒派百姓背負，吃食則勒派百姓供應，否則
> 鞭撻隨之；所押貨價，及期不償，則利上加利。覓得麝香、黃
> 連等項貨物償給，則又值什折一，終年盤剝，務令其斗粟尺
> 布，無所餘存。曲民之於擦蠻，有畏若虎狼，敬如祖宗之概，
> 而擦蠻之視曲民，直奴隸犬馬不若也。[9]

　　獨龍族有殺牛祭鬼的習俗，但當地民眾沒有飼養黃牛的習慣，也
不用牛犁地，黃牛數量較為稀少，因此察瓦龍土司巧妙地利用了這一
矛盾關係，制定了以奴隸交換黃牛的貿易模式，令獨龍族用人口交換
黃牛，並將這些交換得來的人口充當自己的奴隸，以至於出現以下慘
絕人寰的情形：

> 強悍者每將懦弱者一家大小捉交擦蠻，以償牛價，或殺其強
> 壯，捉其弱小以償，此等事無歲無之、無月無之，尤為各江第
> 一慘狀。此則曲江要隘、風土人情、民生疾苦之實在情形也。[10]

　　在區域勢力相對弱小的怒族和獨龍族中，獨龍族的位序更次一
等。道光年間《雲南通志稿》中有：「俅人，近知務耕織，常為怒人
雇工。」[11]這表明不少與怒族接觸較多的獨龍族人已經成為其雇用的

9　〔清〕夏瑚：〈怒俅邊隘詳情〉，方國瑜主編：《雲南史料叢刊》（第十二卷）（昆明
　　市：雲南大學出版社，2001年），頁150。

10　〔清〕夏瑚：〈怒俅邊隘詳情〉，方國瑜主編：《雲南史料叢刊》（第十二卷）（昆明
　　市：雲南大學出版社，2001年），頁150。。

11　〔清道光〕《雲南通志稿》（刻本），雲南省圖書館藏。

勞力。面對異族統治勢力的欺凌和壓迫，身處弱勢地位的怒俅族群曾經一度把解脫的希望寄託在朝廷身上，並且在雍正八年（1730 年）翻山越嶺、長途跋涉到康普界上貢黃蠟、鹿皮、麻布等，求納為民，力求借助外部力量改變區域內部的權利關係。雲貴總督鄂爾泰奏准，將怒俅地方 111 村寨歸由康普女千總禾娘管轄。[12]光緒三十四年（1908 年），清政府第一次派員到獨龍江流域勘察，官員夏瑚帶領隨從途經貢山來到獨龍江，同當地察瓦龍土司的代理人談判，給當地每個頭人發放委任狀。此外，夏瑚還提出了 10 條建議：

> 建設官長，以資分治；添兵駐防，以資保衛；撤退土司，以蘇民困；剿撫吉匪，以除民害；籌費設學，以廣教育；治平道路，以通商旅；廣招開墾，以實邊地；設關守隘，以清界限；改政賦稅，以裕經費；扶置喇嘛，以順輿情。[13]

　　然而，隨著夏氏的迅速離職，獨龍江一帶的面貌與其巡視之前並無二致。直至整個民國時期，沉重的賦稅和各項征派，始終是怒江邊區人民最沉重的負擔。民國十九年（1930 年），尹明德深入滇西北地方勘察時，「所遇夷民，面皆菜色，衣不蔽體」，在層層壓榨下，怒江地區各族人民大多「每至夏秋，大半以竹筍、野菜花充食」。[14]

---

12 參見維西傈僳族自治縣志編纂委員會：《維西傈僳族自治縣志》（昆明市：雲南民族出版社，1999 年），頁 12。

13 〔清〕夏瑚：〈怒俅邊隘詳情〉，方國瑜主編：《雲南史料叢刊》（第十二卷）（昆明市：雲南大學出版社，2001 年），頁 154-162。

14 參見尹明德：《雲南北界勘察記・卷三附・調查報告》（臺北市：成文出版公司，1974 年），頁 182。

三　地域政治層級結構中的弱勢群體

從區域內的族群階序關係來看，自古交往密切且自我認同源於同一祖先的怒族和獨龍族無疑處於較低的政治等級中。在 20 世紀 30 年代以前，獨龍江南部的地區屬於納西族土司的治理之下，而北部的獨龍族則受到西藏察瓦龍地區藏族的管轄。居住在這一區域內的怒族與獨龍族，在北部與藏族毗鄰，在東部則與漢族和納西族接壤，族群之間的關係除了政治上的管轄與被管轄，主要表現為貿易與交換。在複雜的權力交織關係中，怒族時常通過微弱和鬆散的聯盟進行抵禦，而獨龍族在這方面表現出來的能力更為弱小。毫無疑問，這兩個民族在很多方面都受到藏族和納西族的影響。除了支付稅收、勞役和契約債務以外，獨龍族與藏族的關係還包括固定的交換，牛群和奴隸之間的交換則是其中的重要組成部分。

奴隸通常是社會的邊緣人群，包括孤兒、強盜、戰俘或債務人，以及觸犯習慣法者，如在同一家族內通婚、偷盜、放蠱作祟者等。從親屬制度方面來看，用來交換牛群的奴隸通常是孤兒和在父系社會中較為典型的私生子。牛群是人們主要的貿易貨物，有時也涉及人的販賣，而被販賣者通常是婦女和兒童。例如，孟庫地方的布利布亞田喬恩曾娶同父異母兩姐妹為妻，在他病死之後，姐姐患了麻風病即將死亡，丈夫家族的布利布亞代景松就同其妻子家族的族長商議，認為姐姐自身的靈魂已經被惡鬼吃掉了，惡鬼的魂靈附在了她身上，對族人不利，打算將她賣給察瓦龍土司，換回牛來殺了吃，她的妹妹也能因此吃上一頓牛肉。起先，女方家族的族長不同意，但代景松謊稱帶其到龍元地方為人家照看小孩，待三人一起到達目的地之後，就將姐姐賣給了當地人，身價是兩條大牛和兩個「拉哇氆氌」。再如，在龍元地區，一個經常偷盜他人財物的婦女經全家族人的同意被賣給察瓦龍

土司為奴。[15]

此外，婦女和兒童還經常受到「達布」（土匪）的劫掠。這些土匪多數來自緬甸境內的拉打閣和雲南境內的福貢與貢山一帶，他們攜帶砍刀、弓弩等武器，到處殺掠，砍死男子，搶走婦孺，將她們連同孩子一起押送到察瓦龍一帶變賣為奴。為此，不少獨龍族人無家可歸，大多數人不論白天黑夜都心神惶惶，不斷逃遷。[16]除了被迫淪為貿易交換的物品和土匪劫掠的對象外，婦女還通常成為抵債的工具。例如，碧江縣怒族人撲阿慈因家裏欠積穀無力償還，被迫將次女賣給當地富商張文彬為使女，得到半開[17] 30 元，其中 15 元用來賠償積穀，15 元自用。一年後，女兒被張家人帶至鶴慶，後來因無法忍受虐待而跑回家中，時值當地解放，聽說新政府不允許養丫頭，張家因此未將其追回。撲阿慈雖然同意此女回家了，但因手續不清無法將其嫁出。[18]

除此之外，藏族商人和納西族土司的中介人所銷售的鹽也是當時重要的權利工具。在當地人看來，鹽是與香料同等貴重的必需品，對於怒族和獨龍族來說，這種稀有的食品不僅可以體現當權者對屬民的控制，更能給其帶來豐厚的利潤。

從上述分析中可以看出，存在於藏族、納西族和怒族、獨龍族之間的族群關係不僅僅表現為控制與隸屬的政治關係，而且還表現為密

---

15 參見蔡家麒：《藏彝走廊中的獨龍族社會歷史考察》（北京市：民族出版社，2008年），頁102-103。

16 參見蔡家麒：《藏彝走廊中的獨龍族社會歷史考察》（北京市：民族出版社，2008年），頁59。

17 「半開」為民國時期雲南社會流通的主要貨幣形式。

18 參見《碧江縣調查彙集》，雲南省編輯組、《中國少數民族社會歷史調查資料叢刊》修訂編輯委員會《中央訪問團第二分團雲南民族情況彙集》（上）（北京市：民族出版社，2009年），頁55。

切的商品聯繫。在這種交換體系中，婦女和兒童被迫淪為交換的商品，這種境遇更加劇了他們在所屬的父權社會中的從屬地位。因此，當首批西方傳教士進入這一地區試圖吸引並招募皈依者的時候，他們不僅僅需要從宗教信仰方面說服當地的民眾，更重要的是要以實際行動來破除束縛在人們身上的兩道枷鎖，包括保護他們的人身安全以及為他們償還各種債務。因此，債務關係成為當地族群間依附關係的核心。[19]

　　正如派特森等指出的那樣：「當親屬秩序的社區被捲入朝貢國家或交換關係時，抑或成功地擺脫朝貢或交換關係時，他們的不同發展軌跡才清晰可辨。」[20]當察瓦龍土司勢力進入怒江和獨龍江流域時，父權制已經在兩族社會中確立了主導地位，因此，伴隨著地域族群階序的建構，在獨龍族對黃牛這一財富象徵的追求過程中，以婦女為主的弱勢群體不幸地淪為地緣政治與身份象徵的犧牲品。由於對黃牛的貪戀和追求，獨龍族原有的以親屬關係為基礎形成的血緣社區被深深地捲入不等價的交換關係與朝貢關係中。

第二節　元代以降的外來話語權利注入與社會性別格局重構

　　元代以降，中央王朝為維護自身統治，加大了對包括西藏地區在內的西南少數民族地方勢力的控制，採取了武力征討、政治分化、扶

---

19 參見〔法〕施帝恩著，尼瑪紫西、彭文斌、劉源譯：〈19至20世紀滇西北鹽、牛及奴隸的交換與政治〉，羅布江村主編：《康藏研究新思路：文化、歷史與經濟發展》（北京市：民族出版社，2008年），頁108-115。

20 〔美〕參見湯瑪斯‧派特森著，何國強譯：《馬克思的幽靈——和考古學家會話》，（上海市：社會科學文獻出版社，2011年），頁192。

持宗教、羈縻統治、賜封土司等多種方式，使那些曾經鞭長莫及的「化外之地」被真正納入國家的統轄範圍。期間，以儒學文化和封建禮教為代表的主流話語對當地性別政治格局的影響尤為深遠，而始於清末的西方帝國主義侵略和以基督教為代表的宗教傳播進程則給三江併流峽谷的社會文化和性別制度帶來了前所未有的變化與衝擊。

一　「興學易俗」：元明兩朝儒學文化的傳入及其對邊地社會文化的影響

在雲南，1253 年忽必烈平定大理之後，於 1273 年任命人賽典赤・瞻思丁為雲南平章政事。賽典赤到任後，隨即開展了一系列的改革，尤其重視對邊地社會生產習俗方面的變革。《元史》中載：

> 雲南俗無禮儀，男女往往自相配偶，親死則火之，不為喪葬。……子弟不知讀書。賽典赤教之跪拜之節，婚姻行媒，……創建孔子廟明倫堂，購經史，授學田，由是文風稍興。[21]

明代，雲南儒學的規模和數量都得到了空前的發展，儒學對雲南的影響為歷代之最。明代儒學在雲南的迅速發展不僅得益於朝廷的重視推廣，更是當時大量漢族移民湧入的必然結果。當時雲南省 30 多個府、州、縣都曾相繼建立過儒學和社學，在軍隊駐紮的衛所開辦學校，教育戍邊的官兵子弟，甚至還積極吸收少數民族子弟赴南京國子

---

21 〔明〕宋濂等撰：《元史・賽典赤・瞻思丁傳》（北京市：中華書局，1976年），頁30-65。

監學習。據統計，明洪武二十三年（1390年）入讀的雲南土官子弟就多達69人。[22]

　　儘管政府重視儒家文化教育，大力推崇孔孟之道，但元明兩代對雲南少數民族地區實行的政策仍是順俗施政，要求從本俗以行職權，對蠻夷土官，不改其俗。[23]元代李京在《雲南志略》中有以下記載：

　　　　（納西）善戰善獵，挾短刀，以碑碟為飾。少不如意，鳴鉦鼓
　　　　相仇殺，兩家婦人中間和解之，乃罷。婦人批氈皂衣跣足，風
　　　　鬢高髻。女子剪髮齊眉，以毛繩為裙，裸霜不以為恥。既嫁易
　　　　之，淫亂無禁忌。[24]

　　這段文字反映了元代納西族社會的幾個重要特徵：當時婦女在社會上享有相當的地位，在婚姻和性關係方面較為自由。明景泰年間的《雲南圖經志書》說：「白人有姓氏，少年子弟，號曰妙子，暮遊行，或吹蘆笙，或作歌曲，聲韻之中皆寄情意，情通私偶，然後成婚。」說明當時的白族由於與漢族大量接觸，已經「漢僰同風」，婚俗和家庭生活也多與漢人社會類似。而在靠近藏族聚居區的維西，直至清代，當地的納西族人仍然保留著與元代類似的婚俗風貌：

　　　　娶以牛羊為聘，頭目家並用馬，均至十數……開則歌男女相悅
　　　　之詞曰「阿含子」，詞悉比體，音商以哀，彼此唱和，往往奔

22　參見羅海麟：《開啟心智的金鑰匙——雲南民族教育》（昆明市：雲南教育出版社，2000年），頁147-148。

23　參見〔明〕宋濂等撰：《元史・仁宗本紀》（北京市：中華書局，1976年），頁577-597。

24　〔元〕李京：《雲南志略》，方國瑜主編：《雲南史料叢刊》（第三卷）（昆明市：雲南大學出版社，1998年），頁130。

> 合於山澗深林中……臥無裘茵，夜則攢薪置火，各攜席蒿，袒
> 裸環睡，反側而烘其腹背，雖盛夏亦然。富能備衾、枕、氈、
> 褥之類，而亦置火於側，露其上身烘之。[25]

　　分佈在維西、中甸等地的藏族群眾亦保留著原有的婚俗和多偶婚
的傳統，清道光《雲南通志稿》轉引《皇朝職貢圖》說，古宗「婚禮
以銀或牛，無拘數目，娶日親戚會飲，吹蘆笙為樂。無床褥，環火而
眠」。其婚俗：

> 兄弟三四人共妻，一妻由兄及弟，指各有玦，入房則係之門以
> 為志，不紊不爭，共生子三四人，仍共妻，至六七人始二妻。
> 或欲獨妻，則群謂之不友，而女家不許。故土官頭目，家非不
> 裕亦共妻。兄弟之子女即互配。華人通其妻亦莫之問，下此更
> 可知也。[26]

　　上述民族民俗保持情況表明，元明兩朝所實施的興學政策主旨是
改變邊地社會「落後」的風俗習慣和生產生活方式，但由於「順俗施
政」的民族政策，學校教育對「變俗」所產生的影響在不同的地區和
民族中存在不小的差異。教育目標與教育成傚之間的差距體現了教育
施行過程的複雜性，同時也反映了一個不容忽視的問題，即儒家傳統
教育對女性受教育者的忽視。由於女性與男性同樣是社會生活的實踐
者，忽略對其中任何一方的施教勢必會對其成效和結果產生影響。

---

25 〔清〕余慶遠：《維西見聞錄》，于希賢、沙露茵選注：《雲南古代遊記選》（昆明
　　市：雲南人民出版社，1988年），頁121-122。

26 同上，頁123。

二　「施政變俗」：清代的改土歸流與邊地社會文化變遷

（一）改土歸流的區域政治作用

　　三江併流峽谷儘管自漢代以來即被認為是中央王朝的領地，但其真正融入國家政權的統治體系還是清代改土歸流實施之後的事情，並主要通過設置流官和分封作為統治代理人的土司的形式推進。

　　清雍正年間，中央政府開始在西南少數民族地區實行大規模的改土歸流政策，逐步廢除當地的土司制度，設置府、廳、州縣，委派流官治理當地。自此，漢文化逐漸在當地進入高速發展時期。改革伊始，中央政府即以當時滿漢的生活方式和儒家文化的倫理道德觀衡量當地少數民族的社會生活，遵循「以夏制夷」的基本方針，強制性地在當地實行移風易俗的政策。

　　在四川藏族聚居區，自公元 9 世紀中期吐蕃王朝滅亡之後，與青藏高原的紛亂割據局面類似，這裏的數個農牧部落迅速陷入分裂割據狀態中。元代，隨著藏族聚居區與朝廷隸屬關係的逐步確定，中央政府在四川藏族聚居區對上層僧人和地方首領授以封號和世襲官職，自此，由朝廷正式冊封的土司開始統治這片區域。明代延續了元代的政策，多封多建，不僅認可前朝所封的土司，還冊封了一批新的土司，將四川藏族聚居區的大部分納入到朝廷的羈縻管轄之下。清代為加強管理與控制，於雍正年間開始在川西地區積極推行改土歸流政策，在未實行這一政策的地區除沿襲明朝的土司制度以外，又冊封了一批新的土司。當時，統治今甘孜藏族聚居區的土司主要有理塘宣慰司和巴塘宣慰司。

　　光緒年間，鄉城發生動亂，趙爾豐帶領眾多清軍歷時數月才使動亂得以平息。接著，趙爾豐頒佈條款，宣佈實施改土歸流。趙爾豐誅

殺巴塘土司，將理塘土司逐往西藏，摧毀土司制度，設置縣治，委派知事，在村落選舉頭人管理。為促進經濟發展，政府調查荒地，鼓勵墾殖；興修水利，引進作物；傳授製茶、割漆技術，發展副業；選派藏族子弟到成都學習製革技術，加工畜產品，提高附加值；開展救濟，解決疾苦；派遣醫士，接種牛痘；創辦學校，免費招生，發展教育，改變觀念；清理土地，丈量面積，根據肥瘠程度，分為上、中、下三等，繳納數量不等的糧賦。[27]在近代教育的傳播作用下，人們的觀念開始發生變化，當地人開始放棄固步自封的觀念，接受新知識。

> 鄉民自與趙爾豐對抗數月之久，結果雖不免於敗後之慘傷，當經此一役，其對於戰爭之智識，及其所得經驗，均為平時所不能有，而啟後日以果敢、犧牲之決心。故西康人民，惟定鄉保守觀念薄弱，亦因於幾次戰鬥以後，對於人與人之關係，能有一種事實上之瞭解，而不願閉關自守。[28]

　　1911 年清朝統治崩潰之後，康區出現了短暫的統治真空，統帥乏人，秩序混亂。鄉城人數年積怨伺機爆發，他們以抗糧為名，趕走官吏，進攻理塘等地，奪取槍支彈藥。他們對外團結協助，肆行搶掠；對內力求自保，抵制侵擾，並由此形成土頭政治。憑藉先進的武器裝備，鄉城幾乎全民皆兵，專門靠戰爭和搶劫為生的「鄉城娃」聞名於康區。他們騷擾康區和滇西北，橫行 20 餘年……社會混亂，經濟蕭條，商旅裹足，入藏道路被迫北移。直到 1939 年西康建省之

---

27 參見秦和平：〈鄉城、稻城土頭統治的由來及其嬗變〉，羅布江村主編：《康藏研究新思路：文化、歷史與經濟發展》（北京市：民族出版社，2008年），頁118-120。
28 同上，頁120。

時，社會才逐步得以安定。[29]

從整個康巴藏族聚居區來看，最早實施改土歸流的是鄉城和稻城。但此兩地在改革過程中所發生的政局變動恰恰反映了朝廷在對地方政權的統治調控過程中所產生的一系列實際問題。當傳統的統治組織被摧毀、新的體制尚在建設中，假如朝廷政權的統治有力，則地方政權尚能夠控制基層社會；反之，則難以約束，隱患重重。

（二）改土歸流對地方文化的影響

經過元、明、清三朝的持續推進，儒學教育得到了較為廣泛的實施，邊地的社會文化發生了極大的變化。清乾隆《麗江府志略》中記載：

> 禮也者，天之經也，地之義也，民之行也，以別幽明，和上下非，是族也不在祀典，蓋極功崇德，使民知神奸無邪匿也。吁！化民成俗之意微也。麗江地接西域，信佛尚鬼，佩弩懸刀，夷風靡靡，冠婚喪祭，向於禮教無聞焉。改流以來，薰蒸王化，寖以變矣。夫移風，使風流而令行者，長吏之責……有理，則綱維立；綱維立，則廉恥勵；廉恥勵，則風俗醇；風俗醇，則言坊行表，食時用禮。[30]

在「以夏變夷」思想的指導下，到任的流官們不遺餘力地推行儒家教育，興辦儒學，灌輸儒家的倫理道德體系和思想專制政策。按照此種標準，各種書籍中凡是有「離經叛道」、「顛倒是非」的言語者一

---

29 參見秦和平：〈鄉城、稻城土頭統治的由來及其嬗變〉，羅布江村主編：《康藏研究新思路：文化、歷史與經濟發展》（北京市：民族出版社，2008年），頁136-139。

30 麗江縣縣志編委會辦公室：《麗江府志略》，麗江縣縣志編委會辦公室1991年翻印。

律加以禁燬，「不得隻字流傳，以貽人心風俗之害」。

顯然，政府大力提倡的程朱理學和綱常名教與邊地社會原有的社會文化背景背道而馳，其中產生的各種矛盾、摩擦甚至是震盪衝擊也就可想而知了。趙爾豐在改土歸流地區強迫藏族學生改用漢姓，強迫藏族群眾子弟入學，造成當地人認為入學讀書類似一種徭役，甚至出錢雇人頂替；趙爾豐還規定政府文告一律限用漢文，藏族群眾訴訟要使用漢語，並且強迫人們接受漢族的「禮儀」和「教化」等。

除了禮教教育，官府重點改革的是當地的婚喪嫁娶習俗。光緒三十二年（1906 年），麗江知府彭繼之在維西、中甸兩廳張貼告示訓育當地民眾。官文中說，當地人民都是朝廷的赤子，本係純良百姓，只因不讀漢書、不懂漢禮，不知不覺以身犯重罪。為不使人們再犯重罪，他把人們要學要做的事情一件一件地寫在告示上，讓民眾和喇嘛們必須仔細看清楚並記住。其中第六件事情（全文共有事情 12 件）即是關於兄弟共妻風俗的。知府認為，這是當地人民不讀漢書、不懂倫理、不知廉恥的緣故。在他看來，一夫多妻乃正常，但從未聽聞過一個婦人有幾個丈夫的情況，因此規勸人們以後不要再行兄弟共妻。若能聽他的話，改變這個風俗，就變成了「人」；若不改變，雖身披「人皮」，但還是「禽獸」；並且再三叮囑，「萬不要把我這些苦口良言當作過耳風」。[31]此外，曾經治理西康大有作為的趙爾豐也曾在宣統元年（1909 年）公開演講，號召邊民放棄兄弟共妻：

> 今者德格改流，汝等歸漢官管理，糧稅已為汝等減徵，差徭已為汝等裁革，甚望汝等發達。惟汝等戶口太少，究厥由來，半

---

31 參見《署麗江知府彭繼之告示》，參見李汝春主編：《維西史志資料‧唐至清代有關維西史料輯錄》（維西傈僳族自治縣志編委會辦公室，1992年編印），頁326-332。

由好為喇嘛，半由弟兄共娶一妻之故。以後須學漢人，無論弟兄多寡，一人各娶一妻。[32]

同樣，在改土歸流之後的昌都貢縣，趙爾豐也對當地人「不符漢禮」的多偶制婚俗提出了類似的訓育：「男婚女嫁須憑父母之命，媒妁之言為主，並應一夫一婦，不得一男子而娶數婦人，尤不得以一婦人而嫁弟兄數人。」[33]民國初年，曾任職阿墩子鹽務委員的王沛霖也曾撰文譴責這種「不道德」的婚姻形式：「婚不正名，弟兄同妻，一婦數夫，倫常乖舛，禮儀大失」，認為這種情形的存在「是在身任教育者之責，亟修其教而易其俗也」。[34]與之類似，在英屬殖民地錫蘭（斯里蘭卡），政府也曾在1859年公佈的13號法令中規定婚姻必須履行法定手續，宣佈多偶婚與公共政策相牴觸，並希望用法律手段阻止復合婚盟。[35]

嘉慶二十五年（1820年），麗江知府王厚慶在改革婚喪習俗方面採取了種種措施。史載：「王厚慶，山東壽光人，進士。平易近人……時麗江雖漸染華風，而男女衣服，冠婚喪祭，未盡從漢禮。公為力勸誡禁革，風俗丕變。」[36]除了要改變在漢族官員看來十分鄙陋的傳統服飾外，人們的婚姻習俗也被要求「從漢禮」。乾隆時期《麗

32 轉引自任乃強：〈西康圖經・民俗篇〉，《亞洲民族考古叢刊》（第四輯）（台北市：南天書局，1987年），頁126。

33 轉引自劉贊廷：〈民國貢縣志〉，《中國地方志集成・西藏府縣志輯》（成都市：巴蜀書社，1995年），頁115。

34 王沛霖：〈滇邊要路略〉，徐麗華主編：《中國少數民族古籍集成》（漢文版）（第八十五冊）（成都市：四川民族出版社，2002年），頁389。

35 參見H. R. H. Prince Peter. "The Polyandry of Ceylon and South India". *Man in India*, 1951 (1).

36 〔光緒〕《麗江府志稿・名宦志》（稿本），雲南省圖書館藏。

江府志略》中記載納西族的婚俗「今漸從漢禮」。據說，時任麗江知府的朱廷襄是蘇北人。他努力提倡改良風俗，要求人們的服裝以蘇北模式為標準，如果遇到有新娘出嫁，他的太太會親自到新娘家中幫助梳妝打扮，另外還貼補費用定做漢族服飾，並勸說當地人以後不要再製作傳統的舊式服飾，而婚禮則完全按照漢族的「六禮」進行。[37]

　　光緒十三年（1887 年），麗江知府黃金銜制定了《治麗箴言》，其中包括了很多壓制婦女的條例，如「《治麗箴言》第四條，載婦女燒香。勸為父夫者，宜約束妻女，勿嬉遊寺廟也，違者，照例笞其夫男四十」。其中，還命令禁止婦女參與元宵節：

> 附禁兩條：一禁婦女觀燈，以免是非而肅閨闈也。查麗俗每年元旦後至元宵止，民間辦花燈慶歲，太平景象，原為盛事，惟是婦女之無恥者，每結對成群，隨往觀玩。男女溷集，深夜弗歸。遂因此多生是非……禮：婦女夜行，須以燭，無燭則止。今郊井之中，竟深夜遊行，殊玷閨訓。亟宜嚴禁。嗣後凡遇燈節，婦女只許在自家門內觀望，不許隨燈遊玩，以至男女溷集無別，違者究治其父夫不貸。[38]

　　按照這種改革思路，當地原先普遍存在的男子入贅、子女從母姓等與漢族父權制社會及其相應的男尊女卑傳統禮教相違背的習俗皆被視為「大逆不道」、「違背倫常」的行為，官府開始嚴禁納西族、白族中的男子上門入贅和夫從妻姓的習俗，認為「夫從妻姓，恥哉，鄙

---

37 參見麗江縣政協文史資料委員會編：《麗江文史資料》（第一輯），楊福泉：《多元文化與納西社會》（昆明市：雲南人民出版社，1998年），頁106。

38 轉引自楊福泉：《多元文化與納西社會》（昆明市：雲南人民出版社，1998年），頁132-133頁。

哉！」「女不嫁人，奇哉怪哉！」「嫁子招贅，斯事更奇，自絕其嗣，竟不自知。」又如：

> 郡屬鶴（慶）劍（川）二州，暨麗邑九河吳烈等裏，有陋俗焉：無子以婿為子，及雖有子，反贅於人，而留女招婿以為子。婿遂滅本姓，從妻姓，或將妻姓加於本姓之上。覰然安之，弗知其悖也。夫為子孫者，姓受於親，今以妻故，遂滅之，而謂他人父。是棄親也。甚矣。其不孝也。聞之鬼不歆其類。以婿為子，非我族類矣，是自絕其嗣也，絕嗣亦不孝也。既為君子，而與吾女配焉，是兄妹而非夫婦也。斯俗也，無一是也。盍亟革之。律裁乞養異姓子以亂宗族者。杖六十。若以子與異姓人為嗣者罪同。[39]

至於「兄亡納嫂」的轉房婚習俗則更被視為「滅天理人倫」的行為。清光緒年間，麗江制定了「兄亡納嫂為妻者，絞立決；知情者杖八十」的嚴峻刑法。直到 1929 年任乃強先生以視察員身份對西康各縣進行考察時，對於當地男子可以易姓嫁於婦女的入贅習俗仍然延續的情形，他為此撰文並設置標題為「康人陋習」。[40]

此外，程朱理學所提倡的封建禮教，以及在此基礎上形成的包辦婚姻和旌表節烈觀念也進入了三江地區，社會開始強調婦女的貞潔觀，重男輕女思想也開始形成。光緒年間成稿的《麗江府志》中亦專門闢出了「烈女」的部分。任乃強先生也曾對其在視察西康途中瞭解

---

39 〔清〕黃金銜：〈治麗箴言〉，楊福泉：《多元文化與納西社會》（昆明市：雲南人民出版社，1998年），頁133-134。

40 參見任乃強：《民國川邊遊蹤之「西康札記」》（北京市：中國藏學出版社，2010年），頁4。

到的一位與漢人未婚先孕但因遭到父母反對遂削髮為尼的女性大加讚揚，說她「誠烈女也」。[41]

根據多方面的考察和研究，殉情成為納西族社會中的一種普遍現象正是出現於 1723 年麗江改土歸流之後，同時，也直接助長了納西族的殉情悲劇。《續雲南通志稿》中載：

> 滾岩之俗多出自麗江府屬的夷民，原因：未婚男女，野合有素，情隆膠漆，伉儷無緣，分袂難已，即私盟合葬，各新冠服，登懸崖之巔，盡日唱酬，飽餐酒已，則雍容就死，攜手連襟，同滾岩下，至粉身碎骨，肝腦塗地，固所願也。[42]

殉情現象尤其集中地發生在經濟較為發達的麗江壩區農村，且女性殉情者的人數要遠遠多於男性。[43]在距離此地稍遠的永寧地區，由於當時朝廷實行的是瀾滄江、怒江、伊洛瓦底江「江外宜土不宜流，江內宜流不宜土」的政策，因此當地的母系制和「阿注」婚俗得以一直延續下來。而在納西族人口相對較少的木裏和鹽源等地，也沒有殉情習俗的存在。一條金沙江因此將同一個族群劃分為兩個截然不同的婚戀觀念群體：在東部的永寧地區，母系制和「阿注」婚俗得以延續，俄亞的多偶制婚俗也未受影響；而其西部的麗江則悲劇性地成為「世界殉情之都」。

在中央政權和封建禮教思想的巨大衝擊下，父權制在改土歸流之後的大部分地區得到了不斷的鞏固和加強，婦女的社會地位不斷下

---

41 同上，頁53。

42 王文韶：《續雲南通志稿》（臺北市：文海出版社，1966年）。

43 參見楊福泉：〈政治制度變遷與納西族的殉情〉，《中南民族大學學報》（人文社會科學版）2005年第5期。

降。例如，納西族婦女喪失了財產繼承權，女性不再被視為家庭繼承的人選，重男輕女的生育觀念在納西社會開始蔓延開來，這種情況在經濟較為發達的壩區尤其盛行。納西族女作家趙銀棠這樣描述道：

> 古話說，不孝有三，無後為大。生女不生男的，照樣不算有了後嗣。舊社會麗江納西族的家庭主婦們，如果自己生的都是女孩，沒有一個男孩，就還要替丈夫張羅納妾生子等事。尤其慘痛的是，原先兒女都有了，日子過得很不錯了，而一旦惡病流行，兒女夭折，或是男孩都死去，活下來的都是女孩。那麼，傳宗接代要緊，丈夫仍要討小陪嗣。女子沒有繼承權，也不興招婿入贅，就又造成家庭間的種種悲劇與麻煩。[44]

在靠近漢地的藏族聚居區，喪葬成為世俗文化變遷的重要組成部分。在藏族聚居區的很多地方，土葬經常用來掩埋身患惡性傳染病的人或是罪惡深重的罪犯，不立墓碑，以示懲處。《西藏苯教》中有：

> 在某些地區，土葬又視為一種低賤的葬俗而受到貶低，如西藏山南地區，人們視土葬為一種最壞的葬俗。土葬的對象一般是患有惡性傳染病的人，如麻風、梅毒、炭疽病患者，以及夏季死亡的人。在當地人看來，對他們實行土葬，一來是為了防止惡病流傳；二來怕違犯「夏季公約」，得罪神靈。山南地區土葬的階層是貧困人家。[45]

---

44 趙銀棠：《舊社會的麗江納西族婦女》，《玉龍山》（第七輯）1985年第4期。

45 察倉‧尕藏才旦：《西藏苯教》（成都市：四川人民出版社，2006年），頁273。

　　雖然土葬在藏族聚居區的廣大地區並不盛行，但在靠近漢地的雲南藏族聚居區受到了人們的推崇。在筆者多次調查的德欽奔子欄一帶，約有 1/3 的死者選擇土葬。在當地，水葬的選擇表現出很強的靈活性，不僅適用於身患疾病或意外死亡的中青年人，甚至無疾而終的高壽老人也可以選擇這種被認為是「潔淨」的喪葬儀式。

　　在傳統的藏族社會中，由於宗教信仰的變更帶來了種類繁多的喪葬儀式。就筆者所關注的迪慶藏族聚居區而言，土葬的再次復興與清代以降國家權力從政治經濟中心向邊疆地區的擴散密不可分，並且彰顯了國家權力在移風易俗中的強大力量。清人余慶遠在《維西見聞錄》中記述道：「人死無棺，生無服，延喇嘛卜其死之日，或案之喬木食鳥，或投之水食魚，或焚與火，骨棄不收。」[46]可見，當時土葬的情況並不多見。然而，隨著國家政權對雲南的改土歸流，天葬和水葬受到禁止，漢族傳統土葬形式得到硬性推行。[47]同治元年（1862年）九月十一日，麗江軍民府正堂兼中甸撫彝府貼出了一張告示，規勸屬地藏族群眾改行土葬。[48]為推行土葬新政，統治者利用當地的屬卡、土官和商會等地方組織，在其規勸與勒令的雙重作用之下，人們開始慢慢接受了這種有別於他們傳統的土葬形式，並在地處漢藏邊地的德欽奔子欄一帶紮下根來。

　　土葬的增多及對水葬方式的不同理解反映了奔子欄一帶藏族文化傳統、國家話語以及族群互動的多重交融。藏族以往的很多喪葬形式如天葬、水葬、火葬等，由於屍身已經消亡，因此無法留下可供親人弔唁的遺跡，甚至是土葬也不會立明顯的墓碑，因此藏族人基本上沒

---

46 〔清〕余慶遠：《維西見聞錄》，于希賢、沙露茵選注：《雲南古代遊記選》（昆明市：雲南人民出版社，1988年），頁123。

47 參見楊福泉：《納西族文化史論》（昆明市：雲南大學出版社，2006年），頁366。

48 參見王恒傑：《迪慶藏族社會史》（北京市：中國藏學出版社，1995年），頁252-253。

有掃墓的習慣。而當地藏族群眾自清代逐步接受土葬之後，受到漢文化的影響，不僅定期弔唁親人，甚至還出現了每年清明節掃墓的習俗。儘管如此，藏族群眾對傳統信仰並沒有完全捨棄，他們在土葬之後為死者施行二次葬，其實正是對傳統水葬習俗的一種重複與回歸，「兩種葬式的併存與疊加，體現了地處漢藏文化邊緣的奔子欄藏族多種文化現象重疊的多元文化特徵」。[49]

（三）改土歸流之後的族群關係與族際互動

綜合來看，直至清末民初，除了受到前文所述的中央政權不斷推進的漢化政策影響外，三江併流諸峽谷區域的族群互動關係體現了以下三大特徵。

（1）藏化，主要發生在與藏族接觸較為緊密的納西族和怒族群體中。納西族先民很早就已活動在金沙江上游地區和雅礱江下游地區，儘管這些地區在吐蕃王朝武力擴張之前與西藏高原上的藏族先民分佈地區並不相接，但兩族分佈區域之間應早就存在不少往來通道。吐蕃自7世紀崛起於青藏高原之後，「盡收羊同、党項及諸羌之地，東與涼、松、茂、巂等州相接，南至婆羅門，而又攻陷龜茲、疏勒等四鎮，北抵突厥，地方萬餘里，自漢魏以來，西戎之盛，未之有也」[50]。正如范文瀾先生所言：「原來寂寞無所聞見的中國廣大西部，因強有力的吐蕃的出現，變得有聲有色了。這是吐蕃歷史的大進步時期，也是中國西部居民開始參加歷史活動的時期。」[51]

由於納西族、藏族很早就毗鄰而居甚至交錯雜居，經濟上有密切

---

49 參見李志農、李紅春：〈藏傳佛教信仰與儒家文化互動下的「二次葬」習俗——以雲南省迪慶州德欽縣奔子欄藏族村為例〉，《西南邊疆民族研究》（第7輯）。

50 《舊唐書·吐蕃傳》（北京市：中華書局，1975年），頁5224。

51 范文瀾：《中國通史簡編》（第二冊）（北京市：人民出版社，1965年），頁490。

聯繫，相互之間的影響不可避免。正如本書前面各章節中所提及的那樣，明代以後北遷進入藏族聚居區的納西族受藏族的影響很深，不僅是在生活習俗、飲食起居方面，甚至在血緣繼嗣、土地制度、婚配嫁娶等方面也深受藏族的影響。1948 年成稿的《德欽設治局社會調查報告》說：「目前在藏族聚居區中會說麼些話的人，我們相信是藏人與麼些兩宗族的混血後裔。」[52]藏族學者王曉松在考察了川、滇、藏交界地區後發現，進入藏族聚居區的納西族移民「一般經過三代以後，開始慢慢融合於當地藏族，」其中「甚至不少人認為自己就是藏族人」。[53]

藏化的怒族主要集中在曾經受察瓦龍土司統治的貢山一帶。由於長期的隸屬關係和藏傳佛教信仰，這些怒族在生活方式和宗教信仰上已經基本與藏族一致。

（2）納西化，主要發生在受到納西族統治的藏族群體中。木氏土司崛起後，從 15 世紀中期開始北向擴張，並大規模地向藏族聚居區移民，同時與藏族宗教勢力保持密切聯繫，雖然其目的主要在於鞏固統治，但客觀上也使納西族文化傳入藏族聚居區，並推動了兩族之間的文化交流。正如本書前文所論述的那樣，納西族移民將相對先進的生產工具、農業生產技術和採礦技術等帶入藏族聚居區，對當地的藏族社會的生產生活產生了一定的影響。清人余慶遠這樣記述道：

> 古宗，即吐蕃舊民也。有二種，皆無姓氏，近城及其宗、喇普，明木氏屠未盡者，散處於麼些之間，謂之麼些古宗。奔子

---

52 黃舉安：〈德欽設治局社會調查報告〉，德欽縣志編纂委員會《德欽縣志・附錄》（昆明市：雲南民族出版社1997年），頁369頁。

53 王曉松：《淺說〈姜嶺大戰之部〉的「姜」》，《雲南藏學研究論文集》（昆明市：雲南民族出版社，1995年）。

欄、阿墩子者，謂之臭古宗。語言雖同，習俗性情迥別。[54]

可見，儘管當時木氏土司勢力已經在藏族聚居區失去絕對統治地位，但明代以來陸續遷入的納西族人仍然對藏族社會產生著持續不斷的影響。方國瑜先生亦曾指出：「麼些文化輸至吐蕃者有之（如食品、禮節，多習自麼些也）。」[55] 20 世紀 30 年代遊歷川、滇、藏的洛克也曾發現：

> 住在察卡洛（即鹽井）地區及周圍的納西族人稱為姜波（Hjanga-bod），意即藏式納西族人；而那些住在雲南境內的納西族人則被稱為姜嘉（Hjanga-rgya），意即漢式納西族人。據戈裏（Pere-Core）神父說，再北面還有藏式納西族人。[56]

（3）較多保留原初文化的怒族和獨龍族。直至清代，由於地處偏遠，怒族和獨龍族還保留著較為濃厚的本族傳統。清光緒年間《麗江府志》中載：

> 怒人居怒江邊，與瀾滄江相近，男女十歲後，紋面刺龍鳳花紋，……男子髮用繩束，高七八寸，婦人結麻布於腰，採黃連為生，茹毛飲血，好食蟲、鼠。其最遠者名曰怒子。[57]

---

54 〔清〕余慶遠：《維西見聞錄》，于希賢、沙露茵選注《雲南古代遊記選》（昆明市：雲南人民出版社，1988年），頁122-123。

55 方國瑜：〈麼些民族考〉，中山文化教育館研究部民族問題研究室編《民族學研究集刊》（北京市：國家圖書館出版社，2010年）。

56 J. F. 洛克著，余慶岳等譯：《中國西南古納西王國》（昆明市：雲南美術出版社，1999年），頁223。

57 〔清光緒〕《麗江府志稿》（稿本），雲南省圖書館藏。

其中，獨龍族由於族群勢力更為弱小，因此保留本族傳統更多。道光年間《雲南通志稿》中記載：

> 俅人，居瀾滄江大雪山外，係鶴慶、麗江西域外野夷。其居處結草為廬，或以樹皮覆之。男子批髮，著麻布短衣褲，跣足。婦女綴銅環，衣亦麻布。……更有居山岩中者，衣木葉，茹毛飲血。宛然太古之民。俅人與怒人接壤，畏之不敢越界。[58]

三　西方帝國主義勢力入侵與邊地社會宗教信仰巨變

如前所述，政府儘管對當時在族群階序中顯得弱小的「俅人」和「怒子」心存憐憫，也開始嘗試通過政治干預扭轉當地失衡的族群關係，但真正使中央政權重視這片極其邊遠的地域還是源自以英法為首的帝國主義對中國西南邊疆安全所造成的日趨嚴峻的威脅。

（一）西方帝國主義勢力的入侵與邊地人民的反抗鬥爭

地緣政治是人類社會群體之間基於地理環境所形成的一種特定政治關係，它並不局限於人類社會內部，而深深地紮根於人類活動依賴的地理環境之中，是人類政治與地理環境相互作用的產物。[59] 1884年中法戰爭後的雲南，圍繞著地緣政治的目標，晚清政府和後來的軍閥勢力與西方列強（主要是英法兩國）展開了控制與反控制、遏制與反遏制，既有對抗又有合作、既有合作競爭又有非合作競爭的地緣政治角逐。

---

58 〔清道光〕《雲南通志稿》（刻本），雲南省圖書館藏。
59 參見陸俊元：〈論地緣政治的本質〉，《國際關係學院學報》2006年第4期。

　　怒江和獨龍江毗鄰邊境的地理位置決定了其必然捲入各國勢力的
爭奪。19 世紀末期大英帝國憑藉強大的軍事實力，在世界各地建立
殖民地，在其確立對緬甸的控制權之後，即把目光投向了夾居在緬
甸、印度和西藏之間的戰略要地怒江和獨龍江流域。1869 年，英國
地理學家柯柏年到怒江探險，隨即提出「要修通從印度經怒江至重慶
的鐵路，以便從當地攫取農產品及許多富源」[60]。法國亦不甘落後，
1885 年，法國吞併安南（越南），乘機將其勢力延伸到毗鄰的雲南邊
境，並計劃將鐵路網伸入雲南、廣西、廣東，使鐵路成為「印度支那
的兩個地區同中國的連接線」[61]。1895 年，英軍少校大衛斯到中國調
查滇西北，提出「(雲南)是應引起英國人更多注意的中國的一個省。
第一，它有幾百英里與我們的印度帝國邊境東部接壤；第二，如果印
度與揚子江通過鐵路相聯結，這條鐵路無疑得通過雲南，而且這個省
的東南部邊界與法國殖民地接壤，其西北角緊接西藏。這些都足以立
刻引起人們對雲南政治和商業的興趣」，同時指出「不瞭解歐洲人的
中國人認為他們比我們優越，最初他們肯定不會好好合作，一旦他們
認識到你占上風，你會發現他們是最聽話的人」[62]。

　　面對英法帝國主義的狼子野心，當時的中央政府並非沒有察覺。
郵傳部尚書徐世昌即指出：「夫英於中國，所覬覦素在西藏，所營度
原在長江。彼其心未嘗不欲滇越速成，得利用滇蜀路程，兼浸入金沙

---

60 轉引自《獨龍族簡史》編寫組：《獨龍族簡史》（昆明市：雲南人民出版社，1986
　　年），頁33。

61 參見李開義、殷曉俊：《彼岸的目光——晚清法國外交官方蘇雅在雲南》（昆明市：
　　雲南教育出版社，2002年），頁236。

62 〔英〕H. R. 大衛斯著，李安泰、和少英、鄧立木等譯：《雲南：聯結印度和揚子江
　　的鏈環——19世紀一個英國人眼中的雲南社會狀況及民族風情》（昆明市：雲南教
　　育出版社，2001年），頁463。

江流域，因而左拊西藏肩背，而右握長江上游上鍵。」[63]與之相比，法國由於控制了滇越鐵路和出海口，並依仗不平等條約體系和勢力範圍劃分，在雲南擁有絕對的影響力。

英軍於 1886 年佔領江心坡，1909 年佔領片馬。英軍的入侵遭到了片馬各族人民的反抗。人們在古浪寨組成了 100 多人的隊伍，對入侵者進行了伏擊。他們憑藉熟悉地形的優勢，機智靈活地將敵人打得暈頭轉向，但由於寡不敵眾，大雪封山，最終不得不撤出古浪，轉入山林。消息傳到內地，全國輿論沸騰，聲討英帝國主義的罪行，怒江一帶的各族民眾又自發組織起 400 多人的隊伍，用弓弩、刀劍和少量槍支武器與敵軍浴血奮戰。在當地人民的激烈反抗和國民的輿論壓力之下，英軍於 1911 年 3 月被迫撤出了片馬、古浪一帶。

儘管西方帝國主義勢力對三江地區的入侵使當地民眾飽受戰火之苦，但邊地社會的各族群在這一危急時刻增強了對統一民族國家的認同感，並且這種認同在不斷地與外族入侵者抗爭的過程中加以確認。這種現代民族國家層面上的認同，正是以這一區域各族群之間文化彼此較為接近作為基礎的。[64]

（二）天主教和基督教其它教派的傳入及其對邊地社會的影響

伴隨著西方帝國主義勢力各種軍事活動的展開，隨之而來的宗教勢力的侵入也是三江併流峽谷族群社會、經濟和文化等方面發生急劇變化的重要因素。

---

63 轉引自宓汝成：《中國近代鐵路史資料（1863-1911）》（第三冊）（北京市：中華書局，1984年），頁1112-1113。

64 參見高志英：《藏彝走廊西部邊緣民族關係與民族文化變遷研究》（北京市：民族出版社，2009年），頁278。

1 天主教的傳播與三起重要教案始末

　　甘孜一帶是康巴藏族聚居區的核心，藏傳佛教在當地的影響較為深遠，但法國天主教會仍將這裏作為傳教的發展區域。1856 年，西藏教區正式成立。1861 年，《北京條約》的簽訂為天主教會進入藏族聚居區傳教提供了有力保障。1864 年，由於在西藏的傳教活動屢屢受挫，法國公使館放棄了在拉薩設立教堂的計劃，教會總部轉設康定，將西藏教區改名為西康教區。之後，法國傳教士先後在巴塘購置田地，建蓋了 3 座天主教堂。1871 年，由於巴塘教會顧司鐸縱容其屬下僕人將冷卡石藏族群眾毆打致傷，事後卻不追究肇事者的責任，激起當地民眾不滿。1873 年 10 月，巴塘民眾群起而攻之，事件進而波及巴塘所屬的鹽井和莽裏等地，建在當地的兩座教堂亦被焚毀，各教堂司鐸和教士倉皇逃往康定。1881 年，巴塘天主教會司鐸梅玉林秘密潛往鹽井，在核桃坪露宿時，被當地喇嘛聯合三岩藏族群眾偷襲，他隨從被打死。1887 年以後，教會與民眾的矛盾進一步尖銳化，反洋教鬥爭進入新的高潮，焚毀教堂、驅逐教士的活動此起彼伏。但在清政府的庇祐和鎮壓下，藏傳佛教喇嘛與民眾的反抗鬥爭終告失敗。[65]

　　在迪慶藏族聚居區，於西藏傳教受挫的法國傳教士由昌都轉到巴塘，之後沿金沙江而下，經鹽井進入滇西北，從 1862 年開始先後在維西、德欽等地建立教堂。1882 年，察瓦龍一帶的藏族民眾前往德欽天主教堂示威，法籍神甫外出躲避，教堂被毀。法國駐蒙自領事府隨即照會雲貴總督要求賠償。1895 年，教堂修復，財物也由神甫領回，此即德欽教案。在察瓦龍，天主教的傳入也引發了喇嘛寺的強烈

---

65 參見《甘孜藏族自治州概況》編寫組：《四川甘孜藏族自治州概況》（北京市：民族出版社，2009 年），頁 57-58。

不滿，雙方發生激烈衝突，傳教士被迫逃回德欽避難。[66]

　　在怒江北部的貢山，1898 年前後即有傳教士開始試探性地進行傳教活動，隨後在靠近德欽的白漢洛村建蓋了 1 座教堂。西藏貢格喇嘛聞訊後，派出幾百人的藏族群眾武裝，從察瓦龍進入丙中洛，驅逐傳教士，但遭到傳教士武裝組織的當地信徒的反擊。1902 年，傳教士任安守請求麗江府派出官兵對其傳教活動進行保護。1905 年，因任安守欲在丙中洛重丁村修建教堂，遭到普化寺喇嘛的強烈反對，其強派民工的行為也激起了民眾的強烈不滿。普化寺管事庫樂指揮 200 餘人包圍白漢洛教堂，將其燒毀。任安守隻身逃出，先後多次前往維西抗議廷守李學詩治民不力，後又到昆明通過法國領事館向雲貴總督錫良提出抗議，要求賠償白銀 30 萬兩，並鎮壓群眾。雲貴總督令麗江府查辦，委派夏瑚為阿墩子彈壓委員，處理教案。夏氏將李學詩斬首處決，將哨官楊玉林撤職。清廷則冊封任安守為三品道臺，賠償白銀 5 萬兩，其中由貢山僧俗負責賠償 3,000 兩，同時派兵進入丙中洛，抓捕首領 9 人，殺死喇嘛二三十人，並將喇嘛寺在茶臘、青那桶等地的田產轉賠給天主教堂。之後，白漢洛教堂得以重建，任安守還在茶臘、青那桶等地建起了新的教堂。

　　雖然位處雲南，但滇西北維西、德欽和貢山的教會向來隸屬西康教區，與以省會昆明為中心的雲南教區素無隸屬關係。根據 20 世紀 50 年代初的統計資料，當時上述 3 縣共有教徒 1,881 人，其中貢山縣 978 人、德欽縣 603 人、維西縣 300 人；共建有教堂 17 座，其中貢山縣 8 座、德欽縣 4 座、維西縣 5 座。[67]

---

66 參見高志英：《藏彝走廊西部邊緣民族關係與民族文化變遷研究》（北京市：民族出版社，2009 年），頁231-232。

67 參見雲南省社會科學院宗教研究所：《雲南宗教史》（昆明市：雲南人民出版社，1999年），頁292、413。

　　如果說三起典型教案的發生所反映的是天主教在其傳播過程中與地方政治和宗教勢力之間的較量與博弈的話，那麼其後續者基督教其它教派的傳入則更多地體現為對受眾世俗生活及其文化心理的改變。因此，除了日益增強的漢文化的注入之外，隨著西方宗教的逐步滲透，滇西北的怒族和獨龍族還出現了「基督教化」。

2. 基督教的傳播與信眾世俗生活的變化

　　與天主教傳播過程中屢屢受挫相比，基督教其它教派的發展較為迅速，從 1913 至 1949 年，到怒江傳教的外國基督教徒達 100 餘人。例如，在怒族聚居的碧江縣一區九村，1926 年基督教傳入之後得到了很大的發展；到 1957 年，全村 169 戶 688 名村民中信仰基督教的達到了 126 戶，占全村居民總戶的 74.56%，信仰基督教的有 444 人，占全村總人口的 66.4%。[68]非基督徒都是信仰原始宗教者。但由於受到基督教的影響，當地原始宗教者的主要宗教活動——殺牲祭鬼的習俗儀式大量減少了。

　　基督教傳入怒族聚居的碧江地區後，對當地人民的生活產生了重大影響，其教規有 10 項，包括不飲酒、不吸煙、不賭錢、不殺人、不買賣婚姻、不騙人、不偷人、不信鬼、講究清潔衛生、實行一夫一妻制。教徒們必須遵守這些教規，否則會被開除教籍。那些不信教的人都嗜酒如命，經常把全年生產還不夠一年吃的糧食用於煮酒，使得缺糧的情況更為嚴重；酒醉之後又吵鬧滋事。信教者則因為糧食不會耗費於煮酒方面，因而糧食較為充裕，生活條件也相對優越。此外，由於教徒不吸煙，因此也可以節省一筆花銷。此外，基督教對人們生

---

68 參見〈碧江縣一區九村怒族社會調查〉，《民族問題五種叢書》雲南省編輯委員會、《中國少數民族社會歷史調查資料叢刊》修訂編輯委員會：《怒族社會歷史調查》（北京市：民族出版社，2009年），頁19-20。

活最大的影響莫過於婚姻。非教徒結婚，男方需要付給女方若干頭牛作為彩禮。有的人家因為無力支付，只能賒欠或者向旁人借來交給女方，日後亦無力賠償者只好讓其子孫繼續賠償，因此導致生活貧困。而教徒只要男性年滿20歲、女性年滿18歲即可結婚，由教士做介紹人，只要雙方願意，即可在教堂中舉行婚禮，男方無須向女方支付彩禮。

按照傳統，非教徒結婚後如果雙方感情不和可以離婚。若是男方提出離婚，結婚時男方付給女方的財物可不退還；若是女方提出離婚，則女方必須加倍退還結婚時男方付給的財物。因此，在離婚過程中往往發生較多爭執。教徒若結婚則不許離婚，不能互相拋棄。只有結婚的自由，沒有離婚的自由。由於信教的關係，教徒改變了沿襲已久的買賣式婚姻傳統，也杜絕了離婚和納妾的行為。基督教傳入之前，人們生了病往往採取殺雞殺牛祭鬼的方式予以驅除，有的人家甚至將家產變賣精光，病人仍不見好轉。而教徒主要依靠祈禱的方式，輔以吃藥，免除了祭鬼的巨大花銷；由於教徒講究衛生，疾病也大為減少。此前，由於生活窮苦，當地時有搶人或殺人的事發生；基督教傳入後由於教規不允許殺人、搶人和飲酒，則在一定程度上改善了當地的經濟狀況和不良民風。[69]

西方教會進入滇西北，在傳教手法上十分靈活，採取了不少為當地群眾所接受的傳教方法。其中，最行之有效的莫過於傳教士深入少數民族群眾，學習其語言，瞭解其民俗民情，適應當地的各種習慣，按群眾喜聞樂見的方式傳教，將傳教方式民族化和地方化。[70]基督教

---

69 參見《怒江區宗教概況》，雲南省編輯組、《中國少數民族社會歷史調查資料叢刊》修訂編輯委員會：《中央訪問團第二分團雲南　民族情況彙集》（上）（北京市：民族出版社，2009年），頁27-29。

70 參見陳昭星：〈天主教、基督教在我國西南民族地區傳播的原因〉，《民族研究》1992年第4期。

的傳入對怒族和獨龍族信眾世俗生活的衝擊和影響主要體現在以下方面：

（1）對傳統婚姻制度和締結方式的影響。天主教的傳入「替代式」地與信眾的原生信仰和喇嘛教的複合體進行了整合，同時較為完整地保留了原有的信仰結構和部分內容；另一方面遵循傳統習俗，基本上未觸及其原有的社會結構及制度基礎，教徒的生活方式也未發生較大改變，而且不排斥傳統歌舞等文化活動。因此，不同的宗教信仰原則上不成為天主教徒擇偶的障礙。[71]而面對怒族和獨龍族社會所盛行的父母包辦婚姻，基督教則要求教徒的婚姻由教會做主，不經過教會認可的婚姻即為非法。此外，由於基督教禁止教徒與非教徒之間通婚，打破了怒族和獨龍族原有的通婚集團，加之提倡自由戀愛，教會因此對信眾的婚姻戀愛活動開始產生明顯的牽製作用。隨著本族教會人員的出現，原來信仰原始宗教的怒族和獨龍族中因此出現了脫離勞動生產的專職神職人員，他們成為社會中的一個特殊階層而在生活資料上依附於其它社會成員，也成為控制本族婚姻與性別政治的新群體。

（2）對原始宗教信仰的影響。怒族和獨龍族原來主要信仰萬物有靈的原始宗教，人們相信人間的一切皆由上天安排，依靠巫師施行巫術協調人與自然、人與人之間的複雜關係。大量開展的殺牲祭鬼等祭祀活動不僅耗費了有限的物質資源，更使人們陷入落後與窮困的生活狀態。與之相比，基督教教義則引導人們平等相處、互相幫助，樹立了一種全新且積極的信仰和生活觀念。

（3）社會風氣的影響。基督教傳入怒族和獨龍族地區後，信教

---

71 參見何林：〈多元宗教背景下的少數民族婚姻──以雲南貢山怒族為例〉，《雲南民族大學學報》（哲學社會科學版）2009年第6期。

者開始遵照不飲酒、不吸煙、不賭錢、不殺人、不買賣婚姻、不騙人、不偷人、不信鬼、講究清潔衛生、實行一夫一妻制等教規，開始了全新的生活方式。

（4）對文教事業的控制。基督各派教會在雲南少數民族地區主要採取兩方面的傳教政策：一為世俗化（secularization），即通過開辦學校、醫院等公共事業機構吸引教徒；二為本土化（localization），即通過傳教士學習使用當地的語言，穿著當地的民族服飾，甚至將基督教的神靈與當地的本土信仰進行嫁接轉換，以一種當地人較能接受的方式傳教。通過有意識地制定與調整傳教策略，創制推廣少數民族文字以及開辦中小學、特殊專門學校或機構及培訓班，基督教各派在雲南少數民族地區的傳播較為迅速，對當地的社會文化變遷產生了極大的影響，而開展教育活動則是其傳教策略中最為重要的組成部分。

對信眾中的婦女群體而言，她們幸運地憑藉教會的勢力暫時擺脫了包辦婚姻的桎梏和在買賣婚姻中被動的地位。教會對原始宗教和祭祀儀式的控制減輕了家庭的額外開支，也使更多的婦女免於充當抵債的對象，婦女甚至在教會宣導的一夫一妻制婚姻的理想形態中提升了自我價值與家庭地位，部分人接受了一定的教育，但教會對通婚圈的控制也對怒族和獨龍族的通婚對象與範圍產生了極大的限制。

回顧天主教與基督教其它教派在三江併流峽谷的傳播歷程，不難發現，作為一種與當地文化迥然相異的外來話語，西方宗教的傳入給當地社會帶來了巨大的衝擊與影響，儘管這些目的明確的傳教活動不可避免地帶有其自身的功利性與局限性，但身處其中的婦女群體從中所受益處亦顯而易見。可以說，以基督教為代表的西方宗教從根本上衝擊了怒族和獨龍族社會中業已確立的性別階級與政治制度。儘管信教對於婦女擺脫從前被動的從屬（甚至成為商品）地位的作用無疑是顯著的，但教會本質上所關注的並非婦女的權益問題，因此無力從本

質上改變社會結構，也就無法為婦女帶來性別權利與政治的根本性保障。

第三節　邊疆社會的新女性

清末民國時期，由於英國、法國等西方帝國主義國家不斷對三江併流區域的試探和入侵，以及西方宗教勢力的有力滲透，地方政府開始對這一區域的防務與經營加以重視。在這樣的社會變遷背景下，殖邊隊的開進和殖邊公署的建立加強了當時中央政府對怒江流域的管轄與控制，調整了矛盾叢生的民族關係和社會結構，溝通了當地民眾與外界之間的聯繫，並給當地婦女的發展帶來了新的契機。

一　時局造人：民國前期的殖邊經營與抗日戰爭時期的邊地婦女

1912 年，雲南陸軍第二師師長兼迤西國民軍總司令李根源報請雲南都督蔡鍔批准，成立「怒俅殖邊隊」進駐怒江，不久之後又在蘭坪營盤街設立「怒俅殖邊總局」。[72] 與此同時，民國政府還在怒江流域設置行政機構，加強對當地的行政管轄。從 1912 年開始，殖邊隊先後設置了知子羅、上帕、菖蒲桶 3 個殖邊公署，後又將六庫、老窩、登埂、卯照、魯掌 5 個土司屬地合併為魯掌行政公署。

甘孜一帶雖無怒江流域那樣緊迫的邊境防務壓力，但開發經營亦是大勢所趨。民國元年（1912 年），北洋軍閥政府裁撤原來的道制，

---

72 參見《獨龍族簡史》編寫組：《獨龍族簡史》（昆明市：雲南人民出版社，1986年），頁39。

以府、州、廳直隸省；民國二年（1913 年）又「廢省改道」，以道統縣，將四川劃為七道。民國十六年（1927 年）劉文輝接管西康特別行政區；民國二十八年（1939 年）建立西康省，省會為康定。

　　由於地域的隔絕，三江併流地區的物資主要依靠外界輸入。1920年前後，國民政府在當地設立行政機構後，逐步有漢商客戶進入。在怒江地區，碧江縣第一任行政委員董廷芳帶來漢商 2 人，一為劉子明、一為劉選卿，都是董氏的同鄉鶴慶人。他們官商合資，在知子羅設立了「天寶號」商戶，主要經營酒和布匹。除此之外，還有不少民家人（白族）也進入當地經商，他們多成為當地的富裕之家。在獨龍江地區，陶雲逵的《俅江紀程》中載「俅子所需之鐵、鹽、飾物及牛，均仰外方輸入，俅子需要外助為是之多，勢必有土產以為交易。土產即俅江一帶所產之藥品，如貝母、黃連、麝香及皮貨、黃蠟等」[73]。又見：

> （碧江老姆登）有市場，每年七月互市以此。怒、俅各種及瀾、潞兩江東西岸之人，並麗、鶴、劍、浪、中、維、雲龍之山貨商人會集於此……交易之貨為麻布、漆油、黃連、冬蟲夏草、貝母、木耳、香菌、白生、青皮、麻線、鹿茸、麝香、熊膽、蟒膽、虎豹皮骨之類。[74]

　　由於物資極度匱乏，獨龍族不得不以上述特產作為交換品折價交換鐵刀、鐵鍋等當地無法生產的生活必需品，而豬和牛則演變為中間

---

73 陶雲逵：〈幾個雲南土族的現代地理分佈及其人口之估計〉，《「國立中央研究院」歷史語言研究所集刊》（第7冊）（北京市：商務印書館，1928年），頁426-432。

74 李根源：〈滇西兵要界務圖注〉，方國瑜主編：《雲南史料叢刊》（第十卷）（昆明市：雲南大學出版社，2001年），頁802。

媒介，成為物物交換活動中的實際計價單位，充當貨幣。此後，白銀和半開銀元進入當地，漢商通過貨幣手段以低價向當地人收購各種山貨特產，然後運入內地高價銷售。如漢商以半開 3 枚（折合 1 兩白銀）便可購買貝母 1 斤或黃連 2 斤，運到內地後便可獲利 10 倍。藏族商人收購黃連、貝母則主要以食鹽作為交換手段，1 筒鹽便可換得黃連 1 斤。[75]由於交通困難、交換不易，不少人不但要在集市上交換自己所需要的物品，還要受人委託代為捎帶交換，還有人將換來的東西再轉換給獨龍江下游的人。[76]從整體上看，這種嚴重失衡的不等價交換雖然還未發展到商品性交換的程度，但日積月累逐漸形成了固定的交換標準，加劇了當地人民生活的貧困程度和對外界物資的依賴性。直到 1930 年，民國政府內政部、外交部派遣滇緬界務調查小組第一組調查員楊斌銓和王繼先到獨龍江流域調查。他們所見獨龍族人：

> 心理傾向中國，日用飲食起居器具，皆賴漢人供給。所出山貨藥材，亦皆售之漢人。其婚嫁喪葬嗜煙酒等，與儸儸同。飲食耕種住房，亦無不同也。在俅江上游，男女不穿衣。男子腰部圍以多數竹篾細圈，用麻布寬六七寸、長二三尺，由前而後，若騎馬直跨下部。女子用麻布二方，上下橫直圍掛胸部及下部，係以骨珠。……現俅民年三十以上者，尚全紋面，其年在二十以下者，漸有破此陋習不紋面者。員等曾召集甲長、火

75 參見〈貢山縣四區三村孔當、丙當、學哇當獨龍族社會經濟調查〉，《民族問題五種叢書》雲南省編輯委員會、《中國少數民族社會歷史調查資料叢刊》修訂編輯委員會：《獨龍族社會歷史調查》（一）（北京市：民族出版社，2009年），頁23。

76 參見《雲南省貢山縣第四區獨龍族社會經濟調查總結報告》，《民族問題五種叢書》雲南省編寫組、《中國少數民族社會歷史調查資料叢刊》修訂編輯委員會：《獨龍族社會歷史調查》（二）（北京市：民族出版社，2009年），頁13。

頭，宣佈以後取消此種陋習。俅民男女不留髮辮，惟蓄短髮至
額際。男子有穿耳著裙者。[77]

　　貿易，是在制度化的地位之外婦女參與分配的第二個基礎。[78]由
於史料的缺乏，我們無法詳細得知婦女在怒江和獨龍江流域交換活動
中所扮演的角色及其參與的程度。放眼整個藏族聚居區，商業活動
也似乎並不為大多數人所青睞，女性能夠參與商貿活動者也極其有
限。[79]有學者認為，這種消極的心態主要是藏族群眾篤信的藏傳佛教倫
理道德與商業活動所必需的世俗功利主義之間所產生的矛盾：「包括商
人在內的藏族信眾的來世觀念重於現世觀念，這是藏傳佛教倫理道德
對他們產生深刻影響的具體表現」，「實際上，這是宗教與經濟之間固
有的不可調和的矛盾使然；同時，又是藏傳佛教在藏族地區的社會中
佔據重要地位的具體表現」。[80]按此邏輯，藏族的傳統文化與觀念確實
對婦女從事商業活動設置了重重障礙。儘管藏族社會對婦女經商的行
為並不推崇，但女性在藏族聚居區的商貿活動中卻真正發揮過重要的
作用。歷史資料顯示，清代迪慶地區的商貿活動中曾有不少婦女參與
其中。清康熙年間，杜昌丁看到當地「貿易皆由女子負載……」[81]，
清乾隆時期居於迪慶的余慶遠則記述其地「交易皆與婦人議，婦人辨

77　轉引自尹明德：《雲南北界勘察記・卷三附・調查報告》（臺北市：成文出版公司，
　　1974年），頁182。

78　參見Ernestine Friedl. *Women and Men: An Anthropologist's View.* Holt, Rinehart and
　　Winston, 1975:63.

79　參見Nancy E. Levine. *The Dynamics of Polyandry: Kinship, Domesticity, and Population
　　on the Tibetan Border.* University of Chicago Press, 1988:232.

80　尕藏加：《藏區宗教文化生態》（上海市：社會科學文獻出版社，2010年），頁99。

81　〔清〕杜昌丁：〈藏行記程〉，吳豐培輯《川藏遊蹤彙編》（成都市：四川民族出版
　　社，1985年）。

物高下不爽。持數珠，會計極捷。西吳、秦人為商於其地，皆租婦執貿易」[82]。

在更加靠近內地的麗江一帶，納西族婦女在經濟活動中所發揮的重要作用早已廣為人知，她們負責操持家裏的一切經濟活動，飼養豬、羊、雞等家畜家禽，紡織麻布，釀酒，磨面，到集市上出售產品。在城鎮上開設鋪面和地攤經商者也以婦女居多。顧彼得曾這樣描述麗江納西婦女的商業技能：

> 她們學會各種複雜的商業事務，成為經商者，即土地和交換的經紀人、店主和商販。……在麗江，如果沒有婦女的參與和協助，你是不會買到什麼東西的。男人一點也不知道他們的家所開的店裏貨物的詳情，不知道應該賣什麼價。如果有人想租房和買田地，那他必須去找那些知道行情的婦女經紀人。房屋和土地的主人如果沒有這些婦女以行內人的身份給他提建議，他們是不會直接與買主和房客談生意的。如果你想要換錢，你必須去找那些有著玫瑰紅面頰的姑娘──「派金美」。[83]

在麗江及其周圍的地區，曾普遍流傳著這樣一句民諺：「娶個麗江婆，終身不用愁；娶個麗江婆，賽過一頭騾。」這生動反映了納西族婦女能幹、勤勞和操持家庭事務的能力，從中也體現了她們在社會生活尤其是經濟事務方面所扮演的重要角色。抗日戰爭時期，因滇緬公路被切斷，滇西北成為中印之間的交通孔道，商業貿易曾一度興

82　〔清〕余慶遠：《維西見聞錄》，于希賢、沙露茵選注《雲南古代遊記選》（昆明市：雲南人民出版社，1988年），頁123。

83　〔俄〕顧彼得著，李茂春譯：《被遺忘的王國》（昆明市：雲南人民出版社，1991年），頁96。

盛，納西婦女仍然在社會活動中扮演著重要的角色：

> ……就是在這樣變動極大的形勢之下，麗江婦女中湧現出一大
> 批神通廣大、發財致富的女商販。她們雖然隻字不識，但敢闖
> 敢幹，左右逢源。有的簡直成為麗江金融界的操縱者。發放貸
> 款、重利盤剝的人找她們，買空賣空、投機取巧的人找她們，
> 特殊經營、尋找門徑的大商販也找她們。[84]

可見，民國時期隨著國民政府對三江併流地區建制的逐步完善和
統治的步步深入，三江流域各族與外界的交往和接觸也在逐步增多，
婦女也因此擁有了新的發展契機。

二 他者賦權：國家法制保障下的婚姻關係與社會性別權益

1949 年 9 月，中國人民政治協商會議通過了具有臨時憲法性質的
《中國人民政治協商會議共同綱領》，其中明確規定了廢除束縛和壓
迫婦女的封建制度，規定「婦女在政治、經濟、文化教育、家庭、社
會生活等方面均享有與男子平等的權利，實行男女婚姻自由」。1950
年 4 月 13 日，中央人民政府委員會第七次會議審議並通過了《中華
人民共和國婚姻法》（簡稱《婚姻法》）；同年 4 月 30 日，中央人民政
府頒佈政令，《中華人民共和國婚姻法》從 1950 年 5 月 1 日起公佈執
行。自其公佈之日起，所有以前各解放區頒佈的有關婚姻問題的一切
暫行條例和法令均予廢止。各級政府通過各種管道，深入基層，宣傳

---

84 趙銀棠：〈舊社會的麗江納西族婦女〉，《玉龍山》（第七輯）1985年第4期。

法律精神，號召人們實行一夫一妻的法定婚姻制度。遵照中央和中共雲南省委的決定，為尊重少數民族的風俗習慣，在邊疆少數民族地區和內地少數民族雜居區暫不開展《婚姻法》的宣傳。少數民族間發生的婚姻問題，若當事人提出要求的，則尊重民族習慣，以協商的方式進行處理。[85]

當時頒佈的《婚姻法》宣佈廢除「封建婚姻」和「購買婚姻」，將婚姻自由作為一項基本國策確定下來，同時還規定了成年人離婚及再婚的權利。《婚姻法》的實施不僅意味著婦女地位的提高，其核心內容還表現出國家與社會之間的密切聯繫。截至 1956 年年底，雲南省的邊疆民族地區基本上廢除了封建地主和封建領主的土地所有制及各種封建特權，全省基本完成了以土地改革為中心的民主改革。[86]民主改革消除了階級分化，並在很大程度上縮小了貧富差距，為以前極度貧困的農民和奴隸群體提供了組建家庭的基本條件。

民主改革和《婚姻法》的實施使婦女擁有了選舉權和被選舉權，使其能夠在社會上擔任不同的職務。事實上，甘孜州婦女參加社會活動早在紅軍過草地的時候就開始了。民國二十五年（1936 年）紅軍路過甘孜州的道孚、新龍等地時，幫助當地建立了縣婦女委員會。但紅軍撤離後婦女委員會的活動即告終止。民國三十一年（1942 年）西康省成立婦女委員會籌委會；次年，婦女委員會在康定正式成立。1952 年 11 月，西康藏族自治區第二屆各族各界代表會議在康定召開，正式成立自治區民主婦女聯合會。婦女們開始積極參與各種社會活動，並在各個領域發揮了重要作用。[87]

---

85 參見雲南省婦女運動史編纂委員會：《雲南婦女運動史（1949-1995）》（昆明市：雲南人民出版社，1999年），頁26-32。

86 同上，頁82-83。

87 參見根旺：《民主改革與四川藏族地區社會文化變遷研究》（北京市：民族出版社，2008年），頁38-39。

　　甘孜藏族自治州自 1959 年完成民主改革後，政府提倡和鼓勵人們履行婚姻登記手續。1982 年 7 月 1 日，州人民代表大會頒佈《甘孜州施行〈中華人民共和國婚姻法〉的補充規定》，規定州內各少數民族必須執行《婚姻法》，「結婚、離婚必須履行法律手續」，並根據本州的實際情況，提出了補充規定。例如，「禁止一夫多妻、一妻多夫」，「禁止包辦、買賣婚姻和借婚姻索取身價費、陪嫁費及其它財務」，「頂替、轉房的婚姻關係是違反婚姻自由、自主原則的，應予禁止」，「禁止直系血親和三代以內的旁系血親結婚」，「禁止利用宗教、家支或其它形式干涉婚姻自由等」。全州各地廣泛宣傳和執行補充規定，將婚姻納入法制的軌道。[88]

　　《婚姻法》的頒佈與實施對藏族社會最大的衝擊莫過於對等級內婚制度的削弱與瓦解。雖然新的社會制度消除了原有的階級差異，但傳統的血緣外婚制還是頑強地保留了下來。根據國家法律對一夫一妻制度的宣傳與要求，更多的人開始選擇法定的婚姻制度，但由於當地特殊的社會文化背景，多偶制並沒有迅速消亡，而是在一定範圍內繼續存在。

　　在 1958 年之後的「大躍進」時期，廣大婦女廣泛投入到集體農業生產中。當時提出「破除迷信，突出常規，做到白晝能延長、黑夜當白天、與時間賽跑」等脫離實際的口號，這些難以實現的目標在一定程度上助長了浮誇風和「共產風」的發展，婦女和兒童的身心健康受到損害，各種封建婚姻殘餘思想重新抬頭。[89]在藏族社會中，家長對家庭經濟的控制程度大大降低，家庭的勞動分工變得簡單明瞭，核心家庭的數量迅速增多。

---

88 同上，頁35-36。
89 參見雲南省婦女運動史編纂委員會：《雲南婦女運動史（1949-1995）》（昆明市：雲南人民出版社，1999年），頁104-112。

　　「文革」期間，雲南省的農村封建婚姻惡習抬頭，各種婚姻糾紛案件數量劇增。1966 年 6 月，雲南省婦女聯合會聯合各民族自治州政府，根據《中華人民共和國婚姻法》的基本精神，結合當地各民族的特殊情況，制定《婚姻法》的補充條例。[90]在迪慶藏族聚居區，婦女逐步成為國家與藏族傳統男權社會話語交鋒的焦點，通過引導女性的維權意識，婦女聯合會代表國家話語在改變傳統婚姻與家庭關係方面發揮了重要作用。迪慶州人民代表大會常務委員會也先後通過了一系列的決議，其中包括《關於執行〈婚姻法〉一夫一妻制，堅決廢除一夫多妻和一妻多夫婚姻的關係》。[91]

　　1958 至 1978 年，國家通過改變社會性別空間區隔制度，極大地變革了藏族聚居區的社會結構與政治制度，包括允許婦女進入從前明令禁止的宗教場所、擔任地方官員以及大量參與社會公共政治事務等。部分敢於反叛傳統的婦女受到讚揚，其中的一些人成為令人羨慕的黨員，甚至被提拔為幹部。她們還被鼓勵揭發各種男女不平等的做法，甚至包括公開指出僧人的不恰當行為，這些做法在從前的傳統社會中都是難以想像的。

　　到 1985 年，甘孜州的婦女職工人數增加到 23,189 人，占職工總數的 29.3%，湧現出一大批女勞動模範、女生產能手、「三八紅旗集體」和「三八紅旗手」。與此同時，婦女幹部的人數也不斷增加：1953 年時全州有女幹部 694 人，占幹部總數的 38.9%；1982 年增加到 9,390 人，占幹部總數的 32.3%。其中，少數民族幹部 4,076 人，占女幹部人數的近一半。[92]

---

90 同上，頁137。

91 參見雲南省地方志編纂委員會：《雲南省志・卷六十一・民族志》（昆明市：雲南人民出版社，2002年），頁514。

92 參見根旺：《民主改革與四川藏族地區社會文化變遷研究》（北京市：民族出版社，2008年），頁39。

三　自我賦權：教育普及帶來的婦女群體素質與社會地位的提升

　　社會的變遷賦予了婦女平等受教育的權利，也改變了她們原來被規定的人生歷程。

　　出生在巴塘的藏族婦女祥秋曲珍 1953 年隨回家探親的長兄到北京求學，後經長兄工作單位的保薦以旁聽生身份進入中央民族學院附中學習，一年後轉為正式學生。1959 年高中畢業後她考入北京農業大學農學專業學習，1964 年大學畢業後分配回甘孜州農科所工作。「文革」結束之後，農科所的科研工作逐步恢復，她先後參與了「甘孜州主要農作物品種資源普查」、「青稞新品種選育」和「青稞高產栽培技術研究」等課題，在從事科研工作的同時還從事管理崗位的工作。1983 年晉升為農藝師，1988 年晉升為高級農藝師。她曾先後被評為省、州級的「三八紅旗手」與勞動模範，1994 年還獲國務院批准享受政府特殊津貼，擔任過巴塘縣政協第六屆和第七屆的副主席。回顧自己的成長經歷，她將成績歸功於黨的領導與關心培養，歸功於研究所前輩的成績積澱與引領，歸功於其它同志的共同努力。[93]

　　1963 年出生在雲南德欽羊拉鄉一戶普通農民家庭的藏族女高音歌唱家宗庸卓瑪被外國朋友譽為「藏族金嗓子」。她 1974 年被選入德欽縣文工隊，1978 年被選入雲南代表隊赴北京參加全國民族民間唱法會演後調到雲南省歌舞團任獨唱演員，1979 年考入上海音樂學院聲樂係民族班並師從我國著名聲樂教育家王品素教授，1983 年以優異成績畢業後回到雲南省歌舞團擔任獨唱演員至今。1985 年在第一

93　參見祥秋曲珍：《回顧我的成長歷程》，中國人民政治協商會議甘孜藏族自治州委員會：《甘孜州文史資料》（第十六輯）（1998年），頁29-33。

屆全國民族聲樂大賽中奪得第一名並獲得最高獎「金鳳獎」，1998 年被文化部評為「文化部優秀專家」；曾當選為第七屆、第八屆、第九屆全國人民代表，任雲南省音樂家協會副主席；代表作有《梅裏雪山的女兒》、《故鄉的哈達》、《德欽情歌》等，還曾為《紅河谷》、《寶蓮燈》等電影演唱主題歌及插曲，並多次出訪國外演出。[94]

　　亞娜於 1945 年出生在當時怒江州碧江縣老姆登村一個普通的怒族農民家庭。1954 年進入省立碧羅完小上學，小學畢業後先後被保送至昆明師範學校和中央民族學院繼續深造；1968 年大學畢業後回到怒江，先後當過 6 年小學教師和 8 年播音員。從 1983 年開始，亞娜曾經連任三屆怒江傈僳族自治州副州長、州政府黨組成員，成為一名成功踏上政治舞臺的婦女幹部；期間，她還兼任雲南省少數民族語言文字工作指導委員會副主任、怒江州民族語言文學工作委員會主任、怒江州武裝委員會副主任、怒江州地方志編纂委員會副主任、怒江州婦女兒童工作委員會主任等職務。1988 年，她當選為全國人大代表；1995 年她出席第四屆世界婦女大會；她是怒江州第四屆、第五屆、第八屆人大代表，雲南省第八屆人民代表大會代表；1998 年調入雲南省政協工作，任省政協第八屆委員、省政協科教文衛委員會副主任；她還擔任《怒族研究》編委會主任和雲南省民族學會怒族學專業委員會會長。[95]

　　1963 年出生於福貢縣匹河怒族鄉老姆登村的楊金衛是怒族歷史上第一位在北京工作的女教師。她 1975 年進入雲南省文藝學校學習舞蹈，1979 年畢業之後在雲南省歌舞團任舞蹈演員；1984 年調入雲南省文藝學校舞蹈科任教；1987 年進入北京舞蹈學院民間舞係學

---

94 參見〈走出香格里拉——訪藏族女高音歌唱家宗庸卓瑪〉，《雲嶺歌聲》2000 年第 1 期。

95 參見李紹恩：《中國怒族》（銀川市：寧夏人民出版社，2011 年），頁249-250。

習，1991 年畢業獲得學士學位。之後她到北京市朝陽區青少年活動中心任教，期間，她編排的《阿細跳月》、《銀鈴》、《山娃》等作品在北京市少年宮舞蹈比賽和北京市中小學學生舞蹈比賽中分獲一、二、三等獎。1997 年，她進入北京舞蹈學院附中中國民間舞蹈教研室工作，並多次獲得「園丁獎」等優秀教師榮譽獎勵。

　　獨龍族名為白利阿娜的白麗珍是獨龍族歷史上第一位進入政界並擔任國家機關要職的女性。她 1940 年出生在貢山縣獨龍江鄉的白利村，1953 年被保送進入當時的碧江縣民族學習班學習，1954 年進入雲南民族學院民族幹部培訓班學習，畢業後先後在碧江縣民族工作隊、州人民法院等部門工作。1958 年，她被調往貢山縣獨龍江鄉黨委工作，先後擔任區委委員、婦聯主任以及貢山縣婦聯副主任等職務；1963 年被選為共青團中央候補委員；1965 年調到州團委工作，擔任州團委副書記；1973 年以後在中共怒江州委工作，曾先後擔任中共怒江州委常委、州委副書記等職務；1982 年進入怒江州政協工作，任州政協常委。她不僅是一位出色的政界人士，同時也是一位作詩、歌唱的能手。[96]

　　出生於 1962 年的羅榮芬則是獨龍族第一位女作家。她於 1981 年考入中央民族學院漢語言文學系學習，畢業時獲文學學士學位，之後便進入雲南省社會科學院民族學研究所工作。1985 至 1995 年她在《民族學與現代化》（現《民族學》）雜誌擔任編輯，之後多次前往怒江和獨龍江開展田野調查工作，並參與編寫《獨龍族文化大觀》等著作。業餘時間，她愛好寫作，2009 年曾參加《民族文學》雜誌社舉辦的全國少數民族作家「祖國頌」創作研討班，並加入了中國作家協會，是其中第一位獨龍族作家會員。代表作有 1995 年出版的《自然

---

96 參見楊將領：《中國獨龍族》，（銀川市：寧夏人民出版社，2012年），頁170。

懷抱中的紋面女》。2009 年出版的田野考察筆記《我的故鄉河》、散文《歌從三江併流來》獲得慶祝中華人民共和國成立 60 週年「祖國頌」有獎徵文優秀獎。此外，還有《日全蝕》、《嫁女》等多篇小說發表於《芳草》、《邊疆文學》等文學刊物上。[97]

　　上述婦女的成功並非孤立的個案。據統計，在亞娜的故鄉老姆登村，全村 168 戶怒族家庭中，在外工作的職業女性就有 43 人，占整個怒族城鎮就業女性的 1/7。其中 6 人在政府部門供職，職位最高的亞娜曾當選為全國人大代表，任自治州副州長；4 人在文藝團體工作，其中有著名的舞蹈教員楊金衛；5 人在醫療衛生部門工作，其中有省級醫院的主治醫師；12 人當教師，2 人當法官；其餘 14 人分別在郵電、交通、商業部門工作。43 位職業女性中具有中專以上文化程度的有 95.3%。[98]截至 1998 年，在獨龍江地區有 45 名女性大中專畢業生，雖然只占獨龍族婦女總數的 1.76%，但與過去相比已經是不小的進步了。[99]

　　毫無疑問，上文所列舉的三江併流地區各族女性都是憑藉接受學校教育的途徑改變自己的人生道路的。無論是成為農業科技專家的祥秋曲珍、步入政壇的亞娜和白麗珍、成就舞臺人生的宗庸卓瑪、教書育人的楊金衛，還是從事社會科學研究並用才智書寫人生的羅榮芬，她們的經歷都是從前本民族女性難以想像的，她們畢生從事的職業開啟了本民族女性新的人生道路，也預示了一個新的社會性別時代的到來。

97　同上。

98　參見蔡維琰：〈社會文化變遷中怒族女性的人格主體〉，《思想戰線》2000年第4期。

99　參見高雅楠：〈女性學視野下的雲南貢山族際通婚圈的成因分析〉，《紅河學院學報》2009年第1期。

第四節　影響、捲入與自覺：全球化時代的性別權利與政治變遷

伴隨著中國農村經濟制度的巨大變革和對外開放政策的實施，現代化和全球化的浪潮也逐步席卷了昔日的邊疆化外之地。受益於廣播、電視、通信等的迅速普及和交通狀況的極大改善，各民族之間突破了以往的隔離狀態，族際交往日益增多。三江併流峽谷的生態環境、生產方式、經濟形態、社會環境在現代化浪潮的衝擊下發生了變革，與之相伴相生的社會性別制度亦發生著巨大的變化。

一　土地制度變遷與家庭經濟結構重整

家庭聯產承包責任制在中國農村的實施、鞏固和完善引發了農村社會制度的急劇變革。1983 年 10 月，中共中央、國務院發出《關於實行政社分開建立鄉政府的通知》。經過集體化時期之後，土地被重新分配到農民手中，生產積極性的調動促使農作物的產量和農民的收入都得到了前所未有的增長。農業科技的發展與普及不僅提高了農作物的產量，並且極大地節省了人力，中國農村的經濟結構逐漸從單一向多元化轉變。

中國農村社會的轉型集中表現為以下兩個方面：從以家庭為中心、按血緣關係劃分的差序格局向現代社會分層結構轉變，從封閉、半封閉的社會向流動開放的社會轉變。[100]在從前邊遠的三江併流峽谷，社會經濟體制的變革與傳統生計方式的變遷也極大地改變著當地

---

100 參見葛志華：《為中國「三農」求解：轉型中的農村社會》（南京市：江蘇人民出版社，2004年），頁5。

社會的家庭生計結構，便利的市場經濟條件逐漸削弱了從事不同生計方式的家庭成員之間在生活上的相互依賴性，個體在經濟活動中的主體性地位日趨凸顯。

伴隨著日常生活對土地依賴性的降低，人們對農業的重視程度已大不如前。有些家庭甚至已經將土地轉租給他人耕種，主要勞動力轉而從事收入更高的運輸業或服務業。總之，對於曾經極大地依賴農業生產生活的人們而言，土地的決定性意義已經從實際的生活保障轉變為一種資源與財產的象徵。土地的多寡已經不能完全成為決定一個家庭富裕程度與社會地位的首要標準，取而代之的是那些「有本事」的家庭成員的數量和社會地位。例如，在政府中擔任要職的官員，收入穩定的醫生、教師，以及那些可以每年給家庭創造幾萬元收入的貨車司機和飯店老闆。因此，完全依靠農業生產和土地制度對人們的婚姻和家庭問題做出判斷的方式已經不能完全適用。

這些個體發展思潮的興起對於認識其家庭的各個方面均產生了重要的影響。但新興的個人利益正在對這種傳統的家庭關係與情感模式形成威脅，廣泛普及的學校教育也在挑戰著當地社會中的代際權利關聯式結構，父母在家庭中不再擁有完全絕對的權威，子女在婚姻、教育、職業、交友等活動上也已經獲得了相當的自主權。年青一代通過接受教育、媒介和廣泛的交際所獲得的個人能力已經在經濟創收等各個方面顯現了強大的活力，這種能力同時進一步鞏固了他們在家庭中的個體意識。對於那些一直深受「內外」空間區隔限制的婦女而言，這種變化所帶來的影響不僅挑戰著她們原有的生活狀態與情感世界，同時也對其家庭成員之間的關係產生著深遠的影響。也就是說，個人的生活體驗已經成為研究家庭生活的新重心。

二　突破性別制度藩籬的婦女

　　對於那些曾經被極大地限制於內部空間中的婦女而言，除了學校教育的普及和醫療保健條件的急速改善之外，最有意義的變化可能就是不斷擴展的市場及技術傳播給她們的生活所帶來的改變。在市場經濟多元化與經濟發展高速化的社會變遷背景中，婦女無疑擁有了更多從事社會生產勞動尤其是獲得社會收益的機會。

　　由於男性平時大部分時間離家外出，農業和種植技術的革新首先使得那些「主內」的婦女從中受益。家庭聯產承包責任制實施之後，在農村經濟生產活動中成功實現專業化並得到政府認可的專業戶成為農村經濟發展中的一支重要力量，她們也因此成為那些「先富起來的人」，並對同一地區的其它家庭發揮著重要的引領與示範作用。在迪慶藏族聚居區，以婦女為主的農村專業戶在 1980 年以後迅速增加。據統計，全州以婦女為主的農村專業戶、重點戶由 1984 年的 4,702 戶發展到 1990 年的 5,000 多戶。婦女們還積極參加各種實用技術培訓班，僅 1990 年一年，全州就舉辦了地膜、營養、定向包穀栽培、食品加工製作等實用技術培訓班 136 期，參加的婦女達 5,282 人。中甸縣中心鎮、大中甸鄉的婦女破除當地不種蔬菜的習慣，自 1986 年以後，每年 6 月上旬至 10 月底上市的蔬菜每天超過萬斤，其中 70% 以上是由婦女為主的蔬菜專業戶、重點戶提供的。[101]

　　經濟作物的成功種植增加了家庭的農業收入，蓬勃發展的市場經濟也給婦女的「庭院經濟」打開了直接的銷路。婦女在家庭中由此脫離了「不掙錢」的經濟窘境，她們創造經濟價值的能力增強了，婦女

101　參見余志偉、孫桂琴：〈婦女是發展商品經濟的一支重要力量——迪慶藏族婦女在發展商品經濟中的地位和作用初探〉，《雲南藏學研究論文集》（第二集）（昆明市：雲南民族出版社，1997年），頁379-386。

家庭地位也上陞了。年近 50 歲的兄弟共妻家庭主婦次拉姆告訴筆者，她自己也出生於一個兄弟共妻家庭。母親年輕的時候每天只能操持家務或者下地幹活，手中能夠自己支配的錢寥寥無幾，開支幾乎都要等著外出的丈夫回來才能決定，即使拿到了錢也不能隨便花銷，必須同丈夫商量；一年到頭沒有一件新衣服，也不能買自己喜歡的東西。現在自己雖然也是在家操持家務和務農，但家裏種植的果樹和飼養的土雞每年都能帶來幾千元的收入，雖然其中大部分還是用於補貼家用，但至少自己有了獨立的收入來源，不用再完全依靠外出賺錢的丈夫，平時遇到自己喜歡的東西也可以適當買一些。用她自己的話來說就是「自己有錢麼好多了，不然老是（總是）花他們男人的錢麼不好整（辦）」。她還驕傲地告訴筆者，自己現在也像城裏人一樣用上了護膚品，甚至在節慶時還能用手頭的化妝品簡單化個妝，此外還能給兒子和女兒購買一些學習需要的參考書和學習用品。[102]

改革開放以來，迪慶藏族婦女摒棄世俗觀念，積極投身商貿活動。藏族婦女經商早已不是新鮮事，她們主要從事販賣水果以及經營飯店、服裝店等生意。在德欽尼村，36 歲的阿追大姐經營飯店已經接近 10 年了，曾經念過初中的她對做菜頗有心得，流利的漢語和開朗的個性也為她做生意提供了便利條件。她的飯店所在原是丈夫家祖上的一片宅基地，後來建蓋為兩層的商住樓，一層經營飯店，二層是自用的房間和 3 間客房。然而，為了從事自己喜歡的工作，阿追也曾付出過不小的努力：

　　這裏的新房子蓋好後，我家爸爸（丈夫的父親）本來打算租出
　　去給別人開（飯店），因為我家媽媽（丈夫的母親）不在了，

爸爸身體不好，我家老公又在單位上（裏）上班，家裏沒有
人。但是我想自己開，我也喜歡炒菜。我就提出來了。我家爸
爸考慮了哈（一下）就說給我開試試。我才開了不到 3 個月生
意就好得很了。後來就一直是我在開了。剛開的那幾個月我天
天在想要咋個（怎麼）炒菜才會好吃，菜譜都到書店買了好幾
本來看呢。[103]

對於經營，她也有自己的心得體會：

開店麼最主要是要講誠信，導遊來要回扣，我都不給，（我
們）藏族人本來（是）好的，（但是）中甸那邊的（導遊）現
在都（開始）變壞了，會要回扣。你像（比如）房間 50 塊
（一間），他們會跟客人要 150、180 元，江魚 80 元（一斤），
他們會給客人要 160 元，他喊我跟客人說價錢，我說「我不
說，你自己去收」。有一次客人點了 3 個菜，他（居然）跟人
家要了 500 多塊。他（導遊）比我賺的還多，反正我是看不下
去了。[104]

興隆的生意使阿追的飯店每年可以給家裏帶來近 3 萬元的收入，
雖然還是比不上在政府機關工作的丈夫，但她的創收能力已經不容小
覷，獨立的創收能力使她在家裏的開支問題上也有了自己的獨立支配
空間：

我們家開（支）錢這些事情大部分是我說了算。我家老公的工

---

103 訪談時間：2011年8月。
104 訪談時間：2011年8月。

資麼一般就是攢起（著）不用，有大事的時候才用，平時就用我飯店這裏找（賺）的錢。一般開錢的事情他也不問，他也懶得管這些事情，除非是大項的開支。自己賺錢麼我可以說話，那些不找錢的（女性）麼就只能是靠著男人，她們麼就沒得我這點（種）自由了。[105]

　　作為一位成功的女性經營者，阿追的想法代表了當地不少婦女的從商體會。根據筆者的統計，尼村當地從事商業活動的女性已經有上百人，除去上述的行業之外，還有不少人在嘗試進入一些從前鮮有女性從事的行業，如專業的服飾和手工藝品製作。繼承父業從事藏裝製作的卓瑪即是其中的一位。卓瑪的父親原是來自大理的漢族人。1940年前後，出生於裁縫家庭的他從藏族人那裏學會了藏裝製作的手藝之後在尼村定居下來，逐漸成為當地有名的藏裝手工藝者。藏裝製作原是專屬男性的工作，但卓瑪家只有兩個女兒，沒有兒子，從小耳濡目染的卓瑪也非常喜愛這一行業，並逐漸跟隨父親學習縫紉技術。10多年前父親去世後，卓瑪全面繼承了父親的事業，現在已經成為當地有名的藏裝手工藝者。但後繼者的問題同樣困擾著她，因為兩個女兒都已經外出學習，而且也無心從事這一行當。[106]

三　新興的社會性別制度與婦女面臨的新困惑

　　伴隨著鄉村經濟社會的巨大變遷，雖然人們的基本生活方式仍然在延續著空間等級制度與性別身體定式，但已經出現了部分的鬆動與

105　訪談時間：2011年8月。
106　調查時間：2010年7月。

寬容。在藏族村落中，以家內的生活空間為例，原有的以爐灶為中心
將男女劃分在兩邊的入座格局在發生著變化，不少人家使用的液化氣
灶改變了廚房內部的空間格局，部分家庭購置的新式沙發也不再強調
男女分開及對立的入座方式。作為私人空間的獨立臥室的出現開始尊
重夫妻的隱私。在新修建的藏房中，大部分的家庭都將各層內部的房
間進行了分割，安裝了木質牆體和房門，甚至加設了門鎖。臥室成為
更加私密的空間，夫妻可以同宿一室，老人和孩子也有自己各自的房
間；獨立的空間為夫妻間的交流提供了私人的空間，也為他們創造了
更多單獨相處的機會。一位老年主婦說：

> 以前我們年輕的時候哪點像現在，兩口子一天到晚講不上幾句
> 話，外人面前和家裏老人面前都不好意思講。現在麼好多了，
> 有些話可以在（房間）裏面講，也不消（用）憋起（著）了。[107]

在看待兩性身體的問題上，社會也開始逐步考慮到女性的利益並
給予適當的包容。筆者在一次調查完畢返回住所的時候，正好碰到鄰
居家的大姐在晾曬已經洗好的全家人的衣服。她邊晾衣服邊說：「現
在麼好了，我們（婦女）的這些褲子啊、衣服啊（主要指內衣褲）還
可以拿到太陽底下曬曬，以前麼肯定是不可以的。太陽曬過會好點，
穿起來也舒服點。」雖然丈夫允許她這樣晾曬衣服，但也不是絕對的
無拘無束，晾曬內衣等女性衣物還是要考慮老年人和客人的感受，必
要的時候也要有所避諱。曾經對筆者描述過男性對女性物品極度厭惡
場景的只瑪大姐也說：

---

107 訪談時間：2011年2月。

現在麼（女性的）內褲這些（內衣物品）還可以拿到太陽底下
曬曬，以前都是要藏起（來）的。婦科這些有問題麼也可以去
醫院看看，以前的人大部分都是忍起（著），時間長了麼越來
越重，現在麼比以前好多了。[108]

　　這些新生活方式和空間觀念的變化極大地挑戰著原有的社會性別
制度。首先，家庭內的日常生活空間越來越趨向於按照使用功能而並
非像過去那樣完全依照性別進行區隔，對隱秘關係的尊重在一定程度
上也推動了夫妻之間的交流與融合，有利於婚姻關係的持久和穩定；
其次，對女性身體禁忌和污穢觀念的鬆動則體現了人們日漸開放和包
容的思想觀念，同時也促進了婦女地位的上陞；最後，以前極度森嚴
的宗教空間也開始逐步向婦女開放，儘管她們仍然不能獲得與男性平
等的宗教地位。

　　中國農村的經濟制度變革究竟給男女兩性帶來了怎樣的變化？婦
女能否從中受益？對此，樂觀者認為：「中國農村的父權制關係並沒
有消亡，但已經被削弱了，很可能將繼續被削弱。」[109]但與此同時，
不少西方學者也曾得出過較為悲觀的結論：性別等級將在家庭生產中
得以再生產，婦女的個人經濟貢獻將成為在家庭中看不見的部分。在
家庭生產責任制下，家戶和家長地位的加強將會威脅中國婦女的發
展，家庭即是迫使婦女處於從屬地位的地方[110]，甚至認為以家庭為基
礎的生產責任制的確立意味著女性將被限制於男權控制下的獨立勞作

---

108 訪談時間：2011年1月。

109 〔加〕寶森著，胡玉坤譯：《中國婦女與農村發展──雲南祿村六十年的變遷》（南
　　京市：江蘇人民出版社2005年），頁21-22。

110 參見韓敏著，陸益龍、徐新玉譯：《回應革命與改革：皖北李村的社會變遷與延續》
　　（南京市：江蘇人民出版社，2007年），頁267。

中[111]，因此威脅到婦女的發展。韓敏在安徽農村的調查結果是樂觀的，她得出了家庭生產責任制的實施對農村婦女是有利的結論。其理由是，一方面，婦女在副業和棉花生產中的重要性提高了，並且由於農業機械化的普及，她們能從事更多的農業勞動而在過去只有男性才能從事農業勞動；另一方面，以婦女為節點的姻親關係在獲得貸款和勞動力方面重要性的提高，促使了婦女在農業和財務決策方面的能力都有所提高。[112]

在實行聯產承包責任制之後的藏族村落尼村，儘管新興的運輸業將女性排除在外，但蓬勃發展的飲食服務業和葡萄種植業離不開婦女的貢獻。在當地村民經營的幾十家餐館和飯店中，婦女是最主要的勞動力提供者，除去部分收穫環節，葡萄的種植也幾乎全部由女性主持。在通常情況下，一個家庭不可能同時經營運輸業與飲食服務業，因為這兩個行業都需要較大的資本投入和較多的勞動力，但葡萄的種植十分普遍。因此，在那些主要以葡萄種植和飲食服務業為主要收入的家庭中，婦女對經濟的貢獻得到了突出的體現。一位經營飯店的婦女說：

> 以前他們男人老是（總是）說我們女人不掙錢，只是在家幹些家務，現在我也掙錢了。我的飯店一年要賺2萬多元，還有葡萄（的收入）也有好幾千元，這哈（現在）他們哪還敢說我們不掙錢呢？[113]

---

111 參見Marlyn Dalsimer and Laurie Nisonoff. "The Implications of the New Agricultural and One Child Family Policies for Rural Chinese Women". *Feminist Studies*, 1987, 13(3):583-607.

112 參見韓敏著，陸益龍、徐新玉譯：《回應革命與改革：皖北李村的社會變遷與延續》（南京市：江蘇人民出版社，2007年），頁267。

113 訪談時間：2010年8月。

　　婦女勞動價值的提升雖然沒有改變婚姻支付中傳統的「甲路卡達」方式，但男性在家庭中為女性的投資已經開始大大增加，不少婦女得到了丈夫購買的手機、照相機、高檔服飾等物品，甚至還能得到丈夫額外的消費資助，如休閒娛樂和旅遊。不過，對於那些家庭條件較差的婦女而言，她們的狀況並不樂觀。由於無力投資上述新興的生計途徑，傳統的農業和牧業仍然是其家庭主要的生計來源，家裏的收成一般只夠自用，能夠轉換為貨幣的極其有限，家庭的生活仍然僅能以確保溫飽為前提，然後才能考慮其它。

　　藏族諺語「小孩的腳磨起繭子（放牧），女人的手磨起繭子（做活），男人的屁股磨起繭子（坐著喝茶）」生動描繪了傳統社會中兩性區隔的分工模式。藏族社會的空間觀以生計方式為基礎，並受到宗教信仰的強烈影響。隨著社會的發展與變遷，內外空間之間的界線正在模糊和縮小，女性向外部空間的拓展不僅受到了原有傳統觀念的限制，同時也影響了她們原有的性別角色與責任，兩性共同參與的中間地帶正在形成和發展。在原來「男尊女卑、重男輕女」的傳統漢族社會中已經發展出「男女平等，女性和男性享有同等發展機會和權利」的現代性別規範。[114]在性別分工制度模式化的藏族社會中，性別角色也在發生著革命性的轉換：社會生產的高度社會化和家務勞動的日益社會化進一步打破了「男主外、女主內」的傳統性別分工模式，大批婦女參加了社會勞動。儘管以男性為主的汽車運輸業在家庭的收入來源中充當著首屈一指的重要角色，但緊隨其後的飲食服務業也是在女性勞動力極強的支撐下得以運轉的。

　　商業活動的繁榮激發了人們對家庭發展目的現實化與功利化的一貫追求，在人力資源匱乏的情況下，允許女性進入原先被禁止的領域

114　參見沙吉才：《中國婦女地位研究》（北京市：中國人口出版社，1998年），頁37。

並不意味著男性從根本上轉變了對傳統性別分工模式和對女性身體的
認識。傳統的觀念仍然存在，只是暫時隱退於為了追求共同利益而忙
碌的家庭生計中。這正如當地一位男性商人所言：

> 現在麼是發展經濟需要，加上社會也開放了，不然麼女人咋個
> （怎麼）能幹這些？又不是男人些（們）都死絕了。[115]

儘管如此，通過從事與市場接軌的經濟活動，婦女不僅得以將勞
動價值轉變為貨幣形式，同時還打破了傳統的內外區隔的分工模式，
獲得了與男性共同勞動的機會與空間。原先各自單獨負責的勞動領域
中出現了更多需要共同合作的空間。例如，那些從不進入廚房和打理
家務的男性，現在也不得不在自家經營的飯店中忙碌著招呼客人、洗
碗洗菜，甚至打掃衛生；而在那些經營商店的家庭中，當妻子因故外
出時，丈夫也有可能要觸碰那些對他來說「污穢不堪」的婦女用品，
因為它們此時已經成為帶有經濟利益的商品。

商業活動拓展了婦女的活動空間，增強了她們創造經濟價值的能
力，同時也提高了她們的家庭地位和社會地位。筆者在調查中發現，
經商的藏族女性在處理與親戚朋友和鄰居之間的關係中非常活躍。與
此同時，廣泛的商業活動也衝擊著原有的「男主外、女主內」的分工
模式，並對涉入其中的婦女的婚姻和家庭產生了一定的負面影響，有
的家庭甚至也因此解體。

> 已經離婚10多年的格桑和次裏原是同村人，婚後育有一男一
> 女。兒子4歲的時候，次裏在村裏開了一家小賣部，做起了生

---

115 訪談時間：2011年2月。

意。一開始，次裏的生意不算忙，家裏的家務也還能兼顧，一家人多了一條收入的途徑，生活水準也因此提高。隨著生意的擴大，次裏照顧家庭的時間越來越少，婆媳關係急劇惡化，最後不得不以離婚而收場。[116]

除了離婚，當地還有不少人認為那些從事商業活動的婦女為了擴展生意，捲入了與其它男性的不恰當關係中，這些緋聞到處傳播，對其家人產生了不利的影響。一位老年婦女說：

> 這些做生意的（女性）一天到晚在外面，接觸的人複雜，跟什麼人都打交道，嘻嘻哈哈的，看著是不像樣子。有些人還不是跟外面的男人曉不得（不知道）搞些什麼，人家（村裏人）說得難聽得很。[117]

看來，這些進入外部空間的女性因為違背了原有的社會性別規範而受到輿論的質疑和批判，而那些踏入政壇的女性則更加成為傳統觀念的焦點。正如筆者所訪問過的一位曾經擔任過村委會副主任的藏族女性的經歷所反映的那樣，作為當地任職時間最長的一位女幹部，她的經歷體現了從政女性在當地社會中所具有的地位，同時也體現了其中的無奈與辛酸。對此，她曾坦言道：

> 我在村子裏面工作 10 多年了，一直都是勤勤懇懇的，大家也都承認。為了工作我放棄了多少（事情），在我前面的只瑪大

---

116 訪談時間：2010年8月。
117 訪談時間：2011年2月。

> 姐還不是一樣。不過我們女人搞這些（從政）是比不得（上）
> 男人的，你看每次提幹都不會有我們。我天天在外面跑，家裏
> 的人還不是意見大。現在的這些（女幹部）麼好多了，家裏也
> 會體諒得多些。[118]

　　正如上文中所列舉的個案那樣，雖然已經有一些當地婦女衝破性別空間區隔的藩籬進入了原本不屬於她們的領域，施展身手，並在商業活動和政治領域中獲得了相應的權利與地位，但畢竟人數很少，並且大部分仍在其中處於從屬地位。由於鄉村工業在當地尚未得到真正意義上的發展，因此婦女無法獲得大規模從事公共勞動的機會，在這些踏入外部空間的婦女中也少有離開當地到外地打工或賺錢的案例。

　　與那些受到爭議但仍然留在當地的藏族婦女相比，在曾經極度封閉的怒江地區，婦女也開始嘗試進入商業領域。據統計，怒江州怒族婦女開辦的百貨經銷店已達 78 家。承辦食品加工廠、種植養殖基地、旅店服務業等的怒族女性專業戶正在崛起。有的怒族女性已經將經商範圍擴展到了緬甸。[119]然而，與此同時，與外界日益密切的交往則產生了一個更為嚴重的社會問題——婦女外流。

　　在怒族聚居的貢山縣捧當鄉，近幾年外流的婦女已經超過 100人，她們的年齡在 14～22 歲，沒有一個完成初中學業，大多數人都是小學畢業或是文盲。由於當地社會仍然為男子所控制，婦女在家庭裏沒有財產繼承權和話語權，社會地位低微，家庭在教育投資傾向上存在明顯的重男輕女現象，女性接受教育的機會明顯少於男性，加上早婚和包辦婚姻的盛行，不少婦女在成年之後選擇了離家出走的抗爭

---

118 訪談時間：2011年1月。

119 參見蔡維琰：〈社會文化變遷中怒族女性的人格主體〉，《思想戰線》2000年第4期。

方式。[120]據統計，在 1990 至 2000 年的 10 年間，去往山東、浙江、江蘇、江西、安徽、廣東、福建、河南、河北、湖南以及東北三省的怒族女性從 52 人增加到了 327 人。[121]怒族婦女的大量外流不僅對當地的通婚圈、婚配比例、性別結構等產生了不小的影響，而且衝擊著原有的社會性別制度。因此，婦女的大量外流，尤其是在婚姻方面向遠距離、異域異族通婚的流動，在體現她們的能動性之時，必然也會使流出地的社會文化特別是婚姻習俗方面發生一定程度的變遷，而婚姻家庭的變遷則又會引發社會結構的變動。[122]

上面所討論的 4 個民族的婦女在當地社會中所獲得的彰顯自我的發展機會無疑是社會變革、經濟發展與教育普及等因素共同作用的結果。廣泛接受的初等教育為她們提供了進入社會公共空間所必備的個人素養與文化知識，相對寬鬆和開放的社會環境則為她們踏入這些原先將女性拒之門外的領域營造了有益的氛圍，得以彰顯的個人才乾和經濟獨立性增強了婦女的自我意識和自主性。可以說，這些現象都在展現了當地婦女群體新的發展趨勢，也體現了當地社會性別制度的動態變化。

從中國農村社會的整體上看，伴隨著農村基本生計模式的非農化所導致的勞動分工方式的變遷，夫妻之間也從以男性制約為主向夫妻協商甚至是男方讓渡權利的方向發展；同時，男女合力的勞動趨勢促進了當地由姻親網和血親網共同建構的關係網絡在日常生活中所發揮的作用。然而，在非農化程度較高的社會中，從中獲利更多的是男性

120　參見李勤〈少數民族婦女外流對當地社會的影響——以雲南貢山縣為例〉，《雲南民族大學學報》（哲學社會科學版）2005年第4期。

121　參見楊築慧：〈西南少數民族婦女外流與傳統社會文化〉，《中央民族大學學報》（哲學社會科學版）2006年第2期。

122　參見楊築慧：〈婦女外流與西南民族婚姻習俗的變遷〉，《雲南民族大學學報》（哲學社會科學版）2009年第6期。

而非女性，農村婦女家庭地位的提高更多的是以家庭內總體利益的削減和上代（包括女性上代）地位的下移為實現途徑的，並且男性在其中獲利更多。就男性總體而言，他們為女性家庭地位的提高而付出的代價是較小的。[123]儘管有部分女性作為家庭發展多種生計方式所缺勞動的補充進入了市場，但她們的活動空間卻集中於家庭周圍的本地社區，其經濟活動仍然在很大程度上受制於作為家長的男性。同時，在男女兩性的交際網路中，男性的交往對象已經更多地向超越血緣和地緣的友緣和業緣關係方向拓展，而女性的交往對象仍然被較強地限制於血緣和地緣網路之中。

小結

本章用動態的視角檢視和分析了社會變遷對藏族傳統婚姻制度的影響與衝擊，探討了身處其中的男女兩性個體在社會變遷背景下的反應及能動狀態。三江併流峽谷紛繁複雜的社會進程史及其捲入中央政權和全球化的進程表明，隨著現代化進程的推進，在相同的社會形態和大體相似的生產方式下，各族群間的交往日益密切，相互之間的影響與融合不可避免。在民族間自然同化的過程中，各民族原有的社會文化結構都可能因文化互滲產生變異與趨同。農村經濟社會的急劇變革對三江併流峽谷社會的傳統性別制度形成了巨大的威脅與有力挑戰：一是以國家權力為代表的外在力量的干擾，二是由社會變革和商品經濟的迅速發展所引發的個人權益的增強和家族利益的衰微，三是由日漸開放的社會環境和發達的傳媒所導致的文化碰撞以及對原有社

123　參見王金玲：〈非農化與農村婦女家庭地位變遷的性別考察──以浙江省為例〉，《浙江社會科學》1997年第2期。

會性別制度的衝擊。在這三大外力的共同作用下，傳統的社會性別制度正在發生著兩種相互矛盾的變化：一方面是固化的傳統內外區隔的性別分工模式限制了婦女從事新興生計方式的機遇，加劇了農業女性化的社會現象，使女性在家庭的收入貢獻中處於不利的地位；另一方面是快速發展的農村經濟對勞動力的需求促使部分婦女衝破原有制度的藩籬，從而開拓屬於自己的價值空間。

結論

婦女何在？性別權利與政治問題的遮蔽和再現

　　研究社會性別權利與政治的學者們經常面臨著這樣一種困境，即如何恰當地處理兩性生活的地域模式與整體態勢之間的區別與聯繫。中國地域遼闊，各民族生活環境類型多樣，存在著顯著的地區差異。在本書所關注的三江併流峽谷，這種多樣性表現得更加豐富和顯著。然而就整體而言，作為一個整體的三江併流峽谷不可否認地呈現了某些共性。例如，高山峽谷的自然環境，垂直分佈的氣候特徵，脆弱的生態基礎與惡劣的生產條件，地廣人稀的人口分佈，長期併存延續的母系與父系繼嗣制度，多種類型的婚姻形態，歷史上不同程度地向統治者租賃田地並義務繳納賦稅和提供勞役的土地制度，民眾對藏傳佛教的篤信和曾經廣泛存在的政教合一統治制度，以及本書特別關注的以多元化的婚姻形態為主要外在表現形式的社會性別與政治問題，等等。這些共性無疑為詮釋生活在這片區域的 4 個主要民族的社會性別權利與政治的整體態勢提供了必要的前提，尤其是當我們將研究視野聚焦於某一特定的時空範圍，以抽絲剝繭的方式細緻分析某一族群社會生活的真實情景時。

　　本書所關注的三江併流峽谷是青藏高原東南方向的延伸地帶，同時也是世界上生物多樣性與文化多樣性分佈最為集中的區域之一。從生態環境與分佈於此的 4 個主要民族的生計方式上看，三江併流峽谷正好兼有廣泛分佈於我國地域中的高山峽谷、草原牧場和河谷農田等

地理地貌以及頻繁往來的族群交流和族際貿易等特徵，並且位處多種文化的交界地帶。因此，在這裏開展性別權利與政治問題研究的優勢是雙重的：首先，三江併流峽谷的生態環境多樣性和文化特徵具有較強的典型性與代表性；其次，與漢族大量分佈的中原地區相比，生活在文化邊緣地帶的不同民族為了維繫傳統生產生活方式與文化必須形成更加強大的族群與村落凝聚力，這種凝聚力的存在使他們成為研究者眼中較為顯著的觀察對象。

本書的研究聚焦於三江併流峽谷社會中不同類型的家庭，通過對構建當地社會性別制度基礎的親屬制度、土地制度、家庭關係、勞動分工、權利空間、身體意識及文化傳承機制等因素的剖析，解構當地的社會性別權利結構和婦女在其中所扮演的角色及其所處的地位。本書所採取的基本分析框架與思維方式吸納了廣泛凸顯於當地社會本土文化中的二元對立（dichotomous）觀念，如「男與女」、「陰與陽」、「內與外」、「輕與重」、「污與潔」等，以此作為對當地社會性別權利與政治問題的基本分析範疇，但這種二元對立觀其實只是存在於當地人思想意識中的一種理想狀態。因此，本書的這種運用並不意味著實際狀況中事實雙方的絕對分野與對立；相反，借助這種大致的分類觀，我們不僅可以從中看出當地人對待社會性別所特有的基本意識與態度，更可以從中發現存在於二元對立觀念之間的中間地帶以及兩者之間密不可分的契合關係。

第一節　能動、系統與象徵：對社會性別權利與政治問題的再認識

本書關注不同社會結構下多種婚姻形態中婦女群體，對認識人類社會中的性別權利問題提供了一種新穎且有效的視角：一妻多夫型多

偶制的存在與延續首先駁斥了對婦女在人類社會的跨文化視野中普遍處於屈從地位的機械化認識，並將存在於一夫一妻制家庭中的單一線性化權利關係拓展到多偶制家庭中的多元環狀關係網之中，就後者而言，不均衡的配偶數量突破了單一的性別模式，存在的多個權利中心展現了更為豐富和多樣化的社會性別權利關係與結構形態。

作為一種帶有明顯批判性質的反思性理論，社會性別理論在婦女研究領域的引入拓展了以往單一指向生理性別的思考空間，豐富了對男女兩性社會屬性的認識，同時也對研究者提出了更高的實踐性要求。在這一宗旨的指引下，本書受帕森斯「社會行動觀」及「社會系統論」理論的啟示，搭建了一個用於解析研究對象的行動體系框架，通過對共同構成社會行動系統的文化系統、社會系統、人格系統和行為有機體系統 4 個子系統的解構及對各子系統之間所存在的層級遞進和遞減的能量提供與調節控制功能的解析，拓展了以往研究中對性別權利問題的婚姻形式局限性，用全新的民族志資料分析了婦女在不同婚姻制度中所扮演的角色及其地位。

首先，在本書各章所展現和描繪的不同婚姻形態家庭的生活中，婦女作為社會行動主體一直在積極建構和實踐著相應的社會性別角色，她們竭盡所能地貢獻自己的智慧，並在其中積極爭取應得的地位與權利。這些婦女為本書的研究和撰寫提供了充實且豐富的素材，但同時也在其行動的實踐過程中顯露出這種能動的局限性。正如書中所討論的那樣，性別區隔的空間觀念極大地限制了女性的思考與實踐範疇，當男性和女性同時在場或者談論一些超出婦女所屬社會空間的問題時，這種能動性即表現出明顯的弱化趨勢。這種情形的存在再次表明了個人與社會之間無法切斷的密切聯繫。因此，雖然藏族兄弟共妻家庭中的主婦在其家庭中扮演著重要角色，甚至享有一夫一妻和一夫多妻家庭的主婦所無法比擬的地位與權威，但她們仍然生活在一個彰

顯父系權威的社會中，家庭的特殊性不可能完全替代其所處社會的共同性。也就是說，婦女的能動性仍然極大地被局限在社會賦予她們的空間與領域中，其它被牢固置身於父系權威制度之下的婦女群體更是如此。

其次，社會性別權利與政治問題的系統性在不同社會結構與類型的家庭中得到了集中體現。從中不難看出，婦女地位的屈從並不像不少女權主義者所認為的那樣僅僅取決於其所處的經濟狀況，而且涉及身體所扮演的實際角色及其在實踐和行動中所具有的地位和權利。本書的研究在這一方面提供了一個整體性的思考維度，證明了不同社會中的婚姻形態是一種系統性的綜合產物，它的產生、存在與延續符合了當地社會的經濟、文化以及精神的發展需求。通過系統分析，證明了婚姻形態在當地社會與文化體系中存在的合理性，也發掘了以多偶制為代表的多元婚姻形態不斷延續與存在的部分動因。

最後，不容忽視的是存在於不同民族社會中強大有力的宗教信仰與社會性別象徵為多元婚姻的存在和延續提供了源源不斷的文化支撐。例如，藏族社會中廣泛且虔誠的藏傳佛教信仰貫串著每個人生命的始終，並通過「男女有別」和「女性污穢」等觀念滲透到認識兩性的基本觀念中。那些身處失衡的社會性別關係中的妻子或丈夫不得不將自己的身體轉化為協調家庭內部關係的有效媒介，同時也在積極運用宗教信仰所宣導的寬容與忍讓的心理機制維繫著他們理想化的婚姻生活；而那些與同性之間存在競爭性關係的配偶則在道德與信仰的雙重規訓下以「友愛謙讓」的心理模式努力調試著家庭內部矛盾的性別關係。而在已經確立絕對父系權威的怒族和獨龍族社會中，女性不僅必須屈從於傳統的男權制度，甚至還在信仰與社會變遷過程中淪為弱勢群體。

第二節　社會性別權利與婦女地位研究：從靜態量化分析轉向動態現實生活

　　如何深入地理解與評價某一社會中的社會性別制度與婦女地位，是積極探尋一種（甚至是一套）能夠「放之四海而皆準」的量化分析標準，還是轉入對研究對象細緻入微的日常生活的探查？本書的研究在後一種趨向上做出了積極的嘗試。對於社會性別權利與政治問題而言，三江併流峽谷多種獨特性併存的顯著特徵要求筆者必須跳出以往的研究範式，以尋求更加合理且細緻的解釋途徑。

　　對歷史的回顧是必須且必要的，讓我們重新返回本書開始之初所指出的以往對性別權利與政治問題的兩種不同傾向上，要麼偏重男性，要麼僅從婦女的角度分析問題，進而較為輕易地得出男性已經確立的絕對霸權和婦女普遍處於屈從地位的認識。筆者認為，這兩種判斷的存在，實為對婦女普遍屈從地位觀的跨文化延伸，以及對以藏族多偶制為代表的罕見婚姻形態缺乏足夠的現實調查並過多憑藉想像的雙重結果。同時，這兩種極端性認識也生動地反映了以多數族群或主流文化觀念評價少數族群婦女地位的不恰當的評價標準。假如可以暫時撇開這兩種極端的論斷，我們可以清晰地看到：生活在一妻多夫制家庭中的藏族主婦確實擁有相對特殊的地位與權威，如對家內事務的實際掌控及其在以性生活為中心的家內關係中能夠有效協調諸夫秩序的權威；納西族社會中仍然延續的母系權威一直在提醒世人婦女所享有的權利與地位；而在早已確立父權制的獨龍族社會中，主婦也仍然能夠享有分食制和管倉制的權利。這種相對特殊的權利和權威彷彿將她們置身於家庭的中心位置，婦女儼然成為家庭運轉的核心和性別政治較量中的優勢方，並似乎因此成為父系社會中擁有「較高」地位的女性。

　　然而，這些婦女並不是一個獨立的群體，她們也與其它婦女一樣深受當地社會與文化因素的影響。因此，當我們把目光從其生活的「小家庭」放大到其所處的「大社會」中時，一種顯然與「較高」地位不相符合的「較低」事實卻清楚地呈現在眼前：雖然在家庭中位居「中心」的位置，但她們仍然必須遵守當地文化對社會性別角色與權利的基本定義與規範，包括對性別活動空間範圍的劃定以及根深蒂固的性別污穢觀念等。其結果是，這些婦女不可能因為其所涉入的相對特殊的婚姻形態而突破當地社會性別政治的藩籬，從社會性別權利與文化的邊緣來到中心。

　　這種將集中焦點與對比分析相結合的分析方法體現了上文對社會性別理念操作性的把握，即在詳盡描述研究對象真實生活的同時還需對研究群體自我社會性別的認同與評價進行審視。因此，對為數稀少的特殊婚姻形態和不同社會中性別權利與政治問題的理解必須撥開那些過多吸引人們好奇心態的「特殊」表象——如不均衡的配偶數量，以及在絕大多數深受父權制觀念影響的世人看來罕見的一妻多夫制婚俗，而應該從滋養其外在形貌與內在結構的社會文化土壤中尋找對其進行理解與判斷的恰當方式。例如，在藏族社會的家庭組建方式、親屬稱謂與繼承制度上，女性與男性似乎擁有同樣平等的權利與義務，他們似乎同樣深受父母意願的壓力，同樣是當地雙系繼嗣制度的受益者，同樣擁有繼承家產的權利及成為當家人的可能。這些種種外在表現似乎向我們展示了一個與傳統的父權制社會截然相反的男女平權社會。假如從這種表象出發，循著男女平權的路徑，我們可以很自然地想像多偶制家庭中人數單一的配偶一方會由於其身上具有的「稀缺性」而獲得相對較多的權利與較高的地位。然而，事實上，社會對婦女婚姻與生育所造成的壓力遠遠大於對男性所造成的壓力，嚴格的社會性別分工與空間區隔觀念對婦女的生存與發展形成了強烈的限制，

男女有別的身體與意識觀念更成為當地社會在神聖與世俗兩重世界中對婦女進行排斥與規訓的基本準則。假如將這些社會與文化規則內涵考慮在內，我們又不得不對某些將藏族社會認識為「男女平權社會」的判斷產生疑問。

　　面對這樣一個紛繁複雜的社會與文化體系，假如僅從親屬稱謂、財產繼承、家內事務的管理與決策等方面判斷婦女地位的模式化視角對不同婚姻形態中的婦女進行評價，我們無疑會很容易陷入上述種種表象所編織的「迷局」之中。正如民國時期曾經遊歷藏族聚居區的劉曼卿女士所說：「西藏女子地位甚奇特，不得謂其絕高，以社會尚認渠為下生，而褫其參政權。更不得謂其絕低，以其經濟能獨立，而行動又非常自由。」[1]因此，筆者認為不能單一性地使用「高」與「低」或「大」與「小」的標準對研究對象──女性的地位與權利進行判斷，並且婦女的角色與地位也不是一個可以籠統劃一進行評估的整體概念。與漢族婦女一樣，少數族群婦女的內部同樣存在著巨大的群體性差異。例如，在筆者訪問過的牧區、農區以及農牧商混合地區，藏族婦女群體在角色、地位和權利上都表現出不可忽視的差異性，並且處於一種動態的變化之中。因此，很難用一種整齊劃一的概念對之進行評判，更毋寧說僅僅使用「高」和「低」這樣一對簡單絕對化的靜態評價概念了。

　　本書的研究在很大程度上驗證了奎恩（Quinn）的判斷，即理解婦女的權利與地位問題需要將之放置到具體的生活場景之中，從真實的生活狀態出發，在實際場域中對其角色、地位和權利做出理解和解釋。並且，本書的嘗試拓寬了以往對少數族群婦女角色與地位的評價

1　劉曼卿：《國民政府女密使赴藏紀實──原名〈康藏軺徵〉》（北京市：民族出版社，1998年），頁110。

標準，注意到了很多在過去的研究中被忽視的領域，例如藏族婦女對家庭與社會的貢獻不僅僅表現在她們對物質資料和人口生產活動的積極參與，還表現在部分婦女被迫退出人口生產領域的活動上，依靠這些沒有配偶或僅有不穩定配偶的婦女的犧牲，社會的人口增長與青藏高原脆弱的生態環境之間找到了平衡；同時，在研究方法上進行反思和新的嘗試，將婦女的貢獻和犧牲與其地位相聯繫，將顯性的外在表現和隱性的內在表現與地位相聯繫，力求全面且客觀地對研究對象進行評價，並依照社會性別理論的發展要求向可測量和可操作的方向邁進，從抽象的空談轉向具體的可實踐、可驗證的方向。

可見，儘管以藏族一妻多夫家庭的主婦為代表的少數婦女群體在家庭中佔據了舉足輕重的地位，但她們並未因其家庭形態的特殊性而完全改變自己在當地社會中所處的「邊緣」性位置，三江併流峽谷的廣大地域仍然是一個凸顯父系權威的社會，男性是社會政治中絕對的優勢群體；雖然從現代化進程中受益的女性正在逐步改變自己的「邊緣」位置，但她們仍然游離在社會與家庭權利的「中心」與「邊緣」之間。

第三節　異動中的社會性別角色與地位

本書全面展示了生活在三江併流峽谷的藏族、納西族、怒族和獨龍族婦女所扮演的角色及其所處的地位與權利，就整體而言，這些身處各家各戶中的婦女同時充當著妻子、女兒、兒媳、母親甚至是祖母的角色，她們作為夫妻間性活動的參與者、家庭中的食物製作者、家務和農業勞動的主要承擔者、後代的生養者、家庭運轉的主要執行者以及家內關係重要的聯繫與協調者，在家庭和當地社會的運行和發展中發揮著重要的作用；但與此同時，作為通過濡化與教化方式不斷社

會化的個人，她們也是當地社會制度與文化模式的產物，在當地社會中具有權威和較高地位的政治與宗教領域都在極力地排斥著她們。

史料展現了各個時期男女兩性在權利與政治事務中的不同表現與地位，並為本書的研究提供了重要的時空框架。回顧歷史，我們發現，國家的形成體現了性別等級的形成[2]，土地制度的每一次調整都必然會引起婚姻觀念與形態的變化，這種由社會的基本結構所決定的核心準則在多偶制家庭中得到了最為集中的體現。然而，這種從古至今延續不斷的社會機制在發揮其顯著的有效功能的同時，也伴隨著社會結構、經濟基礎和文化模式的變遷不可避免地捲入全球化的浪潮之中。

聚焦性別權利領域，不同民族傳統的社會性別制度深深根植於其長期形成的親屬制度、土地制度、家庭關係、勞動分工、權利空間、身體意識及文化傳承機制等因素中，儘管制度森嚴，但男女兩性從未在生活實踐中停止過對這種制度的試探與挑戰。為了突破「內外有別」的空間區隔，婦女們通過各種方式不斷拓展屬於自我的公共空間，並在其中建立起延伸到家庭範圍之外的人際關係網路。但事實證明，這些做法對於婦女自我意識的激發作用極其有限，真正對當地社會性別制度產生衝擊的力量主要來自於經濟結構的多樣化發展，尤其是婦女大量參與市場經濟的行為、制度化學校教育的普及以及外界傳媒的不斷滲透。這些力量共同為婦女的個人選擇賦予了權利，並且正在逐步改變著婦女所扮演的傳統社會性別角色，同時也促進著她們在家庭和社會中地位的提升。

首先，社會生產的高度社會化和家務勞動的日益社會化進一步打

2　參見〔美〕湯瑪斯・派特森著，何國強譯：《馬克思的幽靈——和考古學家會話》（上海市：社會科學文獻出版社，2011年），頁195。

破了男主外、女主內的傳統社會性別分工角色模式，不少婦女直接進入社會勞動和經濟分配領域中；其次，制度化的學校教育已經卓有成效地對社會性別規範的重塑和原有固化模式的消解發揮著作用，以國家意志為轉移的制度化學校教育通過其規範化的內容、形式、手段與成效在一定程度上打破了當地傳統文化對男女兩性的內外空間區隔與培養期待，傳統的家庭觀與婚姻觀亦因此受到強烈的衝擊；最後，經由發達的傳媒不斷擴散的現代都市的生活方式也在悄然改變著人們的傳統生活觀念。

儘管前文敘述的消極現實令人對婦女群體的權利與地位感到沮喪，但正如本書第六章所展示的那樣，在經濟高速發展的全球化社會中，不同民族傳統社會中的男女兩性群體也在隨之產生著相應的調試與變動。我們看到，男女兩性都正在嘗試涉入對方的傳統領域與空間，社會文化也在試圖重新定位兩性在其中所處的位置及其所佔據的地位與彰顯的權利。

三江併流峽谷的婦女們正向我們演示了這種多元化的角色轉型。伴隨著社會的變遷，特別是藏族聚居區民主改革之後，婦女們正在逐漸參與到政治、經濟、文化、社會活動中。通過接受教育，她們當中的不少人成為政府工作人員、醫生、教師或是成功的商人和著名的藝術家。社會經濟的迅速發展為更多的男性提供了離家外出的工作機會，婦女控制家庭經濟與社會活動的時間大大增加，包產到戶和對外開放政策的實施又為婦女提供了更多融入社會的機遇，市場經濟體制的運行使她們得以從事傳統家庭勞作以外的經濟活動，無論是從事經濟作物種植、手工業、商業還是從事新興的旅遊業、服務業。在各種宣傳畫冊、傳媒影像中，她們自信、漂亮的形象也隨處可見，她們似乎從這些新角色中獲取了更多的收入、增添了自信、提升了地位，但與此同時，她們也在遭受著全球性的文化與政治滲透。總之，婦女扮

演的角色更加多樣化，但積極與消極的作用併存。

那麼，這些變化是否說明婦女將更多地脫離她們在當地社會中身處的「邊緣」位置，由此向家庭與社會中的「中心」位置靠攏呢？尤其是那些能夠協調甚至是統領多個丈夫的多偶制家庭的女性。目前的情形已經表明了這種趨向的可能。就在傳統的邊疆社會經歷急速的改革與變遷的同時，婦女的角色與地位確實隨之發生著不小的變化，這一系列的變化既來自當地社會自身內部，同時還受到另外一股強有力的外部力量的影響——作為國家政策的婦女工作。少數民族婦女的地位問題早已成為國家所關注的對象，數量豐富的各種調查報告和研究文獻，以及業已訂定的各種政策，無疑都在顯示著國家對這一領域所投注的目光與期待。

第四節 邁向發展之路的婦女群體

隨著研究的深入，筆者發現社會性別研究對政治人類學領域的重要價值，它促使研究者對當今民族志和社會性別研究前沿進行更為有益的探索，將研究對象放置於不斷發展變遷的全球化背景中，以做出更具說服力的解釋。正如前文所述，隨著地方不可避免地被捲入全球化的世界經濟體系，強勢主流話語權威在世界上的任一角落得以確立；以傳統社會生產關係中的分工模式、文化建構與席卷而來的全球政治經濟體系為主導力量的相互作用，共同造就了三江併流地區的性別權利與政治格局。

性別權利與地位變動的原因不是單一的，任何一方衰落或崛起的原因也不是單一的。正如本書所展示的那樣，地域與族群間的差別深刻地表明瞭性別的權利與政治問題所呈現的複雜性與多樣性。目前婦女群體所處的狀況正顯示出這一趨向，但從群體自身尋找問題的思路

無可厚非。儘管部分婦女已經衝破性別制度的藩籬，開拓了屬於自己的社會空間，但她們並不能代表整個婦女群體。事實上，由於較少參與社會活動，目前少數民族婦女在政治上獲得的實際參政議政機會仍然不多，她們在社會和家庭事務中所發揮的決定性作用仍然極其有限，能夠參與社會經濟活動的婦女群體也集中表現出缺乏技能與資金等問題，這些究其根本還在於婦女未能獲得充分的教育機會。地區的落後首先表現為婦女的落後，地區的貧困也無疑集中體現為婦女的貧困。這些大量被限制於農業生產勞作、繁重家務和養育後代責任中的婦女所承擔的社會與家庭責任早已遠遠超過男性，然而她們獲得的卻是與其貢獻極不相稱的權利與地位。

婦女群體脆弱的首要原因無疑是對生產資料缺乏控制的結果，同時還在很大程度上受制於其所處的社會文化。婦女要發展，不僅需要以國家法制和政策為代表的外在力量的支持，還需要開展相應深入的問題研究與探討，尋找其適合自身的發展之路。因此，儘管國家對婦女地位的關注為農村婦女地位的提升營造了積極的政治環境，但改變命運的關鍵仍然取決於婦女自身，發揮主觀能動性和個體實踐是婦女改變不利於自己生存與發展狀況的核心。

參考文獻

一、著作

（一）中文著作

〔漢〕司馬遷：《史記》（北京市：中華書局，1975 年）

〔唐〕樊綽：《蠻書》，方國瑜：《雲南史料叢刊：第二卷》（昆明市：雲南大學出版社，1998 年）

趙呂甫：《雲南志校釋》（北京市：中國社會科學出版社，1985 年）

〔明〕錢古訓：《百夷傳》，方國瑜：《雲南史料叢刊：第二卷》（昆明市：雲南大學出版社，1998 年）

〔明〕劉文徵：《滇志》（昆明市：雲南教育出版社，1991 年）

〔清〕余慶遠：《維西見聞錄》於希賢，沙露茵選注《雲南古代遊記選（昆明市：雲南人民出版社，1988 年）

〔清・道光〕雲南通志稿（刻本），雲南省圖書館藏

王文韶：續雲南通志稿（臺北市：文海出版社，1966 年）

〔清・光緒〕麗江府志稿（稿本），雲南省圖書館藏

雲南提督郝玉麟奏摺（雍正三年十二月初二日），張書才：雍正朝漢文朱批奏摺彙編：6（南京市：江蘇古籍出版社，1986 年）

〔清〕范承勳、吳自肅：《康熙・雲南通志》（北京市：圖書館古籍出版編輯組），《北京圖書館古籍珍本叢刊（44）史部・地理類・卷七》（北京市：書目文獻出版社，1998 年）

〔清〕夏瑚：《怒俅邊隘詳情》，方國瑜：《雲南史料叢刊：第十二卷》
　　　　（昆明市：雲南大學出版社，2001 年）

徐麗華《中國少數民族古籍集成：第 85 冊》（成都市：四川民族出版
　　　　社，2002 年）

〔清〕杜昌丁：《藏行記程》，吳豐培輯：《川藏遊蹤彙編》（成都市：
　　　　四川民族出版社，1985 年）

〔清〕吳其濬：《植物名實圖考：上冊》（北京市：中華書局，1963 年）

李根源：《滇西兵要界務圖注》，方國瑜：《雲南史料叢刊：第十卷》
　　　　（昆明市：雲南大學出版社，2001 年）

《雲南各族古代史略》編寫組：《雲南各族古代史略（初稿）》（昆明
　　　　市：雲南人民出版社，1977）

《西藏研究》編輯部：《西藏志衛藏通志》（拉薩市：西藏人民出版
　　　　社，1982 年）

劉贊廷：〈民國武城縣志〉，《中國地方志集成・西藏府縣志輯》（成都
　　　　市：巴蜀書社，1995 年）

迪慶藏族自治州地方志編纂委員會：《迪慶藏族自治州志》（昆明市：
　　　　雲南民族出版社，2003 年）

迪慶州工商行政管理局：《迪慶藏族自治州工商行政管理志》（昆明
　　　　市：雲南民族出版社，1997 年）

中共迪慶州黨史徵集研究室：《封建農奴制度在迪慶的覆滅》（大理
　　　　市：大理印刷廠，1993 年）

段綬滋：〈民國中甸縣志稿〉，《中國地方志集成・雲南府縣志輯：83》
　　　　（南京市：鳳凰出版社，1960 年）

雲南省中甸縣地方志編纂委員會：《中甸縣志》（昆明市：雲南民族出
　　　　版社，1997 年）

甘孜州志編纂委員會：《甘孜州志》（成都市：四川人民出版社，1997
　　　　年）

《甘孜藏族自治州概況》編寫組：《四川甘孜藏族自治州概況》（北京市：民族出版社，2009 年）

雲南省地方志編纂委員會：《雲南省志（卷六十一）民族志》（昆明市：雲南人民出版社，2002 年）

當代雲南編輯委員會：《當代雲南簡史》（北京市：當代中國出版社，2004 年）

德欽縣志編纂委員會：《德欽縣志》（昆明市：雲南民族出版社，1997 年）

麗江縣縣志編委會辦公室：《麗江府志略》（麗江市：麗江縣縣志編委會辦公室，1991 年）

維西傈僳族自治縣志編纂委員會：《維西傈僳族自治縣志》（昆明市：雲南民族出版社，1999 年）

《民族問題五種叢書》云南省編輯委員會、《中國少數民族社會歷史調查資料叢刊》修訂編輯委員會：《納西族社會歷史調查（一）》（北京市：民族出版社，2009 年）

《民族問題五種叢書》云南省編輯委員會、《中國少數民族社會歷史調查資料叢刊》修訂編輯委員會：《獨龍族社會歷史調查（一）》（北京市：民族出版社，2009 年）

《民族問題五種叢書》云南省編輯委員會、《中國少數民族社會歷史調查資料叢刊》修訂編輯委員會：《怒族社會歷史調查》（北京市：民族出版社，2009 年）

四川省編寫組：《四川省甘孜州藏族社會歷史調查》（成都市：四川省社會科學院出版社，1985 年）

雲南省編輯、《中國少數民族社會歷史調查資料叢刊》修訂編輯委員會：《中央訪問團第二分團雲南民族情況彙集：上》（北京市：民族出版社，2009 年）

《民族問題五種叢書》云南省編寫組、《中國少數民族社會歷史調查
　　資料叢刊》修訂編輯委員會：《獨龍族社會歷史調查（二）》
　　（北京市：民族出版社，2009 年）

楊仲華：《西康紀要》（上海市：商務印書館，1935 年）

李有義：《今日的西藏》（天津市：知識書店，1951 年）

趙松喬、程鴻、郭揚等：《川滇農牧交錯地區農牧業地理調查資料》
　　（北京市：科學出版社，1959 年）

范文瀾：《中國通史簡編》（北京市：人民出版社，1965 年）

牙含章：《西藏歷史的新篇章》（成都市：四川民族出版社，1979 年）

詹承緒、王承權、李近春等：《永寧納西族的阿注婚姻和母系家庭》
　　（上海市：上海人民出版社，1980 年）

費孝通：《民族與社會》（北京市：人民出版社，1981 年）

赤烈曲紮：《西藏風土志》（拉薩市：西藏人民出版社，1982 年）

嚴汝嫻、宋兆麟：《永寧納西族的母系制》（昆明市：雲南人民出版
　　社，1983 年）

中國科學院青藏高原綜合科學考察隊：《橫斷山考察專集（一）》（昆
　　明市：雲南人民出版社，1983 年）

格　勒：《甘孜藏族自治州史話》（成都市：四川民族出版社，1984
　　年）

中國科學院青藏高原綜合科學考察隊：《西藏農業地理》（北京市：科
　　學出版社，1984 年）

西藏自治區文物管理委員會、四川大學歷史系：《昌都卡若》（北京
　　市：文物出版社，1985 年）

方國瑜：《中國西南歷史地理考釋：下冊》（北京市：中華書局，1987
　　年）

任乃強：〈西康圖經・民俗篇〉，《亞洲民族考古叢刊・第四輯》（臺北
　　市：南天書局，1987 年）

覃光廣等：《文化學辭典》（北京市：中央民族學院出版社，1988 年）

劉創楚、楊慶堃：《中國社會：從不變到巨變》（香港：香港中文大學出版社，1989 年）

張增祺：《中國青銅器全集・滇、昆明》（北京市：文物出版社，1993年）

張天路：《中國少數民族社區人口研究》（北京市：中國人口出版社，1993 年）

尤　中：《雲南民族史》（昆明市：雲南大學出版社，1994 年）

郭大烈、和志武：《納西族史》（成都市：四川民族出版社，1994年）

張傳富：《雲南藏族人口》（北京市：中國統計出版社，1994 年）

石　碩：《西藏文明東向發展史》（成都市：四川人民出版社，1994年）

王恒傑：《迪慶藏族社會史》（北京市：中國藏學出版社，1995 年）

霍　巍：《西藏古代墓葬制度史》（成都市：四川人民出版社，1995年）

沙吉才：《當代中國婦女家庭地位研究》（天津市：天津人民出版社，1995 年）

何叔濤：《雲南民族女性文化叢書・怒族——復蘇了的神話》（昆明市：雲南教育出版社，1995 年）

楊福泉：《原始生命神與生命觀》（昆明市：雲南人民出版社，1995年）

李壽、蘇培明：《雲南歷史人文地理》（昆明市：雲南大學出版社，1996 年）

楊福泉：《多元文化與納西社會》（昆明市：雲南人民出版社，1998年）

劉曼卿：《國民政府女密使赴藏紀實──原名《康藏軺徵》》（北京市：民族出版社，1998年）

李銀河：《婦女：最漫長的革命》（北京市：生活・讀書・新知三聯書店，1998年）

雲南省社會科學院宗教研究所：《雲南宗教史》（昆明市：雲南人民出版社，1999年）

雲南省婦女運動史編纂委員會：《雲南婦女運動史（1949-1995）》（昆明市：雲南人民出版社，1999年）

費孝通：《生育制度》（北京市：商務印書館，1999年）

李金明：《獨龍族文化大觀》（昆明市：雲南民族出版社，1999年）

楊鶴書：《中國少數民族社會與文化》（廣州市：中山大學出版社，1999年）

雲南民族事務委員會：《怒族文化大觀》（昆明市：雲南民族出版社，1999年）

楊毓驤：《伯舒拉嶺雪線下的民族》（昆明市：雲南大學出版社，2000年）

羅海麟：《開啟心智的金鑰匙──雲南民族教育》（昆明市：雲南教育出版社，2000年）

中共甘孜州黨史研究室：《甘孜藏族自治州民主改革史》（成都市：四川民族出版社，2000年）

張佩國：《地權分配・農家經濟・村落社區──1900-1945年的山東農村》（濟南市：齊魯書社，2000年）

芮逸夫：《雲五社會科學大辭典（第十冊）人類學》（臺北市：臺灣商務印書館，2000年）

範河川：《父系原始文化的活化石──山岩戈巴》（成都市：四川大學出版社，2000年）

譚琳，陳衛民：《女性與家庭：社會性別視角的分析》（天津市：天津人民出版社，2001 年）

劉　霓：《西方女性學：起源、內涵與發展》（北京市：社會科學文獻出版社，2001 年）

方國瑜：《方國瑜文集：第四輯》（昆明市：雲南教育出版社，2001 年）

哈經雄、滕星：《民族教育學通論》（北京市：教育科學出版社，2001 年）

滕星：《族群、文化與教育》（北京市：民族出版社，2002 年）

張佩國：《近代江南鄉村地權的歷史人類學研究》（上海市：上海人民出版社，2002 年）

李開義、殷曉俊：《彼岸的目光──晚清法國外交官方蘇雅在雲南》（昆明市：雲南教育出版社，2002 年）

潘允康：《社會變遷中的家庭：家庭社會學》（天津市：天津社會科學院出版社，2002 年）

德吉卓瑪：《藏傳佛教出家女性研究》（北京市：社會科學文獻出版社，2003 年）

宋兆麟：《夥婚與走婚──金沙江奇俗》（昆明市：雲南人民出版社，2003 年）

尕藏加：《雪域的宗教：宗教與文明傳承宗派與教法儀軌：上冊》（北京市：宗教文化出版社，2003 年）

王堯、王啟龍、鄧小詠：《中國藏學史（1949 年前）》（北京市：民族出版社，2003 年）

劉俊哲：《藏族道德》（北京市：民族出版社，2003 年）

王　堯：《藏學概論》（太原市：山西教育出版社，2004 年）

葛志華：《為中國「三農」求解：轉型中的農村社會》（南京市：江蘇人民出版社，2004 年）

周　怡：《解讀社會——文化與結構的路徑》（北京市：社會科學文獻出版社，2004 年）

格勒、海帆：《康巴：拉薩人眼中的荒涼邊地》（北京市：生活・讀書・新知三聯書店，2005 年）

楊恩洪：《藏族婦女口述史》（北京市：中國藏學出版社，2006 年）

劉志揚：《鄉土西藏文化傳統的選擇與重構》（北京市：民族出版社，2006 年）

察倉・尕藏才旦：《西藏苯教》（成都市：四川人民出版社，2006 年）

蘇紅軍，柏棣：《西方後學語境中的女權主義》（桂林市：廣西師範大學出版社，2006 年）

陸學藝：《歷史上最具影響力的社會學名著 20 種》（西安市：陝西人民出版社，2007 年）

白玉芬：《藏族風俗文化》（拉薩市：西藏人民出版社，2007 年）

蔡家麒：《藏彝走廊中的獨龍族社會歷史考察》（北京市：民族出版社，2008 年）

根　旺：《民主改革與四川藏族地區社會文化變遷研究》（北京市：民族出版社，2008 年）

尹紹亭：《遠去的山火——人類學視野中的刀耕火種》（昆明市：雲南人民出版社，2008 年）

羅布江村：《康藏研究新思路：文化、歷史與經濟發展》（北京市：民族出版社，2008 年）

李燕蘭：《茶馬古道要地奔子欄》（昆明市：雲南民族出版社，2008 年）

高志英：《藏彝走廊西部邊緣民族關係與民族文化變遷研究》（北京市：民族出版社，2009 年）

任乃強：《民國川邊遊蹤之「西康札記」》（北京市：中國藏學出版社，2010 年）

尕藏加：《藏區宗教文化生態》（北京市：社會科學文獻出版社，2010年）

柳陞祺：《西藏的寺與僧（1940 年代）》（北京市：中國藏學出版社，2010 年）

何國強：《政治人類學通論》（昆明市：雲南大學出版社，2011 年）

張保見：《民國時期青藏高原經濟地理研究》（成都市：四川大學出版社，2011 年）

李紹恩：《中國怒族》（銀川市：寧夏人民出版社，2011 年）

楊將領：《中國獨龍族》（銀川市：寧夏人民出版社，2012 年）

李曉廣：《當代中國性別政治與制度公正》（南京市：南京大學出版社，2012 年）

李鋼、李志農：《歷史源流與民族文化——三江併流地區考古暨民族關係研究學術研討會論文集》（昆明市：雲南大學出版社，2011 年）

李志農、李紅春：《藏傳佛教信仰與儒家文化互動下的「二次葬」習俗——以雲南省迪慶州德欽縣奔子欄藏族村為例》，何明：《西南邊疆民族研究:第七輯》（昆明市：雲南大學出版社，2010 年）

張增祺：〈雲南青銅文化研究〉，雲南省博物館：《雲南青銅文化論集》（昆明市：雲南人民出版社，1991 年）

中國人民政治協商會議甘孜藏族自治州委員會：《甘孜州文史資料：第二十一輯》（2004 年）

宋恩常：《藏族中的群婚殘餘》（民族學研究:第二輯·北京：民族出版社，1981 年）

譚樂山：〈對雜交、血緣群婚和馬來亞親屬制的質疑〉，《民族學研究：第二輯》（北京市：民族出版社，1981 年）

林耀華：《民族學研究》（北京市：中國社會科學出版社，1985 年）

莊孔韶：〈雲南山地民族（遊耕社區）人類生態學初探〉，《中國人類
　　　學會：人類學研究續集》（北京市：中國社會科學出版社，
　　　1987 年）

莊英章：〈惠東婚姻制度初探：以山霞東村為例〉，《馬建釗，喬健，
　　　杜瑞樂：華南婚姻制度與婦女地位》（南寧市：廣西民族出
　　　版社，1994 年）

余志偉、孫桂琴：〈婦女是發展商品經濟的一支重要力量──迪慶藏
　　　族婦女在發展商品經濟中的地位和作用初探〉，《雲南藏學研
　　　究論文集：第二集》（昆明市：雲南民族出版社，1997 年）

〔美〕威廉・J. 古德著，魏章玲譯：《家庭》（北京市：社會科學文獻
　　　出版社，1986 年）

〔美〕巴伯若・尼姆裏・阿吉茲著，翟勝德譯：《藏邊人家》（拉薩
　　　市：西藏人民出版社，1987 年）

〔美〕露絲・本尼迪克特著，何錫章、黃歡譯：《文化模式》（北京
　　　市：華夏出版社，1987 年）

〔美〕瑪格麗特・米德著，宋踐譯：《三個原始部落的性別與氣質》
　　　（杭州市：浙江人民出版社，1988 年）

〔法〕伊・巴丹特爾著，陳伏保、王論躍、陽尚洪譯：《男女論》（長
　　　沙市：湖南文藝出版社，1988 年）

〔美〕R. M. 基辛著，甘華鳴、陳芳、甘黎明譯《文化・社會・個人》
　　　（瀋陽市：遼寧人民出版社，1988 年）

德司・桑傑嘉錯著，強巴赤列、王鐳譯：《四部醫典系列掛圖全集》
　　　（拉薩市：西藏人民出版社，1988 年）

〔法〕蜜雪兒・福柯，張廷琛、林莉、范千紅等譯：《性史：第一、
　　　二卷》（上海市：上海科學技術文獻出版社，1989 年）

〔俄〕顧彼得著，李茂春譯：《被遺忘的王國》（昆明市：雲南人民出版社，1991 年）

蓮花生著，徐進夫譯：《西藏度亡經》（北京市：宗教文化出版社，1995 年）

〔法〕孟德斯鳩著，張雁深譯：《論法的精神：下冊》（北京市：商務印書館，1997 年）

〔美〕索甲仁波切著，鄭振煌譯：《西藏生死之書——藏傳佛教生死觀》（北京市：中國社會科學出版社，1999 年）

〔美〕J.F. 洛克著，劉宗岳等：《中國西南古納西王國》（昆明市：雲南美術出版社，1999 年）

〔英〕馬林諾夫斯基著，王啟龍、鄧小詠、譯：《原始的性愛（上）》（英文版）3 版（北京市：中國社會出版社，2000 年）

〔美〕凱特‧米利特著，宋文偉譯：《性政治》（南京市：江蘇人民出版社，2000 年）

〔英〕H.R. 大衛斯著，李安泰、和少英、鄧立木、等譯：《雲南：聯結印度和揚子江的鏈環——19 世紀一個英國人眼中的雲南社會狀況及民族風情》（昆明市：雲南教育出版社，2001 年）

〔法〕皮埃爾‧布林迪厄著，劉暉譯：《男性統治》（深圳市：海天出版社，2002 年）

〔英〕馬淩諾斯基著，費孝通譯：《文化論》（北京市：華夏出版社，2002 年）

〔法〕石泰安著，耿昇譯：《西藏的文明》（北京市：中國藏學出版社，2005 年）

〔加〕巴巴拉‧阿內爾著，郭夏娟譯：《政治學與女性主義》（北京市：東方出版社，2005 年）

〔加〕寶森著，胡玉坤譯：《中國婦女與農村發展——雲南祿村六十年的變遷》（南京市：江蘇人民出版社，2005 年）

〔美〕羅伯特・C.尤林著，何國強譯：《理解文化》（北京市：北京大學出版社，2005 年）

孫中欣，張莉莉：《女性主義研究方法》（上海市：復旦大學出版社，2007 年）

韓敏著，陸益龍、徐新玉譯：《回應革命與改革：皖北李村的社會變遷與延續》（南京市：江蘇人民出版社，2007 年）

〔美〕瑪格麗特・米德著，周曉紅、李姚軍、劉婧譯：《薩摩亞人的成年》（北京市：商務印書館，2008 年）

〔美〕魯絲・華萊士、〔英〕愛麗森・沃爾夫著，劉少傑等譯：《當代社會學理論：對古典理論的擴展》6 版（北京市：中國人民大學出版社，2008 年）

〔英〕瑪麗・道格拉斯著，黃劍波、盧忱、柳博贇譯：《潔淨與危險》（北京市：民族出版社，2008 年）

杜杉杉著，趙效牛、劉永青譯：《社會性別的平等模式——「筷子成雙」與拉祜族的兩性合一》（昆明市：雲南大學出版社，2008 年）

〔英〕德斯蒙德・莫利斯著，何道寬譯：《裸猿》（上海市：復旦大學出版社，2010 年）

〔英〕克里斯・希林著，李康譯：《身體與社會理論》（北京市：北京大學出版社，2010 年）

〔美〕湯瑪斯・派特森著，何國強譯：《馬克思的幽靈——和考古學家會話》（北京市：社會科學文獻出版社，2011 年）

〔法〕雅克・比岱、〔法〕厄斯塔什・庫維拉基斯著，許國豔等譯：《當代馬克思辭典》（北京市：社會科學文獻出版社，2011 年）

〔英〕西蒙・岡恩著，韓炯譯：《歷史學與文化理論》（北京市：北京大學出版社，2012 年）

〔美〕羅伯特・C.尤林著，何國強、魏樂平譯：《陳年老窖：法國西南葡萄酒業合作社的民族志》（昆明市：雲南大學出版社，2012 年）

恩格斯：《反杜林論》（北京市：人民出版社，1957 年）

馬克思恩格斯全集：第 42 卷（北京市：人民出版社，1979 年）

馬克思：《論資本主義以前諸社會形態》（北京市：文物出版社，1979 年）

馬克思：《1844 年經濟學哲學手稿》（北京市：人民出版社，1985 年）

《馬克思恩格斯選集:第 4 卷》（北京市：人民出版社，1995 年）

〔美〕比阿特麗絲・D.米勒著，呂才譯：《西藏婦女的地位》，王堯：《國外藏學研究譯文集：第三輯》（拉薩市：西藏人民出版社，1987 年）

〔美〕南茜・列維妮著，玉珠措姆譯：《在尼泊爾寧巴社會中，藏族婦女在法律、工作和經濟上沒有保障的狀況》陳慶英：《國外藏學研究譯文集：第十三集》（拉薩市：西藏人民出版社，1997 年）

〔印〕群沛・諾爾布著，向紅笳譯：《西藏的民俗文化》，王堯：《國外藏學研究譯文集：第九輯》（拉薩市：西藏人民出版社，1992 年）

（二）外文著作

Phillips A. Survey of african marriage and family life. London: Oxford University Press, 1953.

Aziz B N. Tibetan frontier families: reflections of three generations from D'ingri. New Delhi: Vikas Publishing House, 1978.

Berreman G. Hindus of the himalayas. Berkeley: University of California Press, 1963.

Boserup E. Women's role in economic development. New York: St. Martin's Press, 1970.

Cohen M L. House united, house divided:the Chinese family in Taiwan. New York: Columbia University Press, 1976.

Majumda D N. Himalayan polyandry: structure, functioning and culture change: A field-study of Janunsar-Bawar. New York: Asia Publishing House. 1962.

Hammond D, Jablow A. Women in culture of the world. California: Cummings Publishing Company, 1976.

Evans-Pritchard E E. Kinship and marriage among the nuer. Oxford: Clarendon Press, 1951.

Croll E. From heaven to earth: images and experiences of development in China. London & New York: Routledge, 1994.

Durkheim E. Education and Sociology. New York: Free Press, 1965.

Friedl E. Women and men: an anthropologist's view. New York: Holt, Rinehart and Winston, 1975.

Freedam M. Ritual aspect of Chinese kinship and marriage Freedam M. The study of Chinese society: essays. Chicago: University of Chicago Press, 1979.

Furer-Haimendor C von.The sherpas of Nepal: buddhist highlander. Harmondsworth: Pelican, 1964.

Herchatter G. Women in China's long twentieth century (global, area, and international archive). London: University of California Press, 2007.

Djamour J. Malay kinship and marriage in Singapore. London: Athlone Press, 1965.

Goody J and Tambiah S J. Bridewealth and dowry. Cambridge: Cambridge University Press, 1973.

Fisher J F. Himalayan anthropology: the Indo-Tibetan interface.S L.: Mouton Publishers, 1978.

Collier J F, Yanagisako S J. Gender and kinship: essays toward a unified analysis. Stanford: Stanford University Press, 1987.

Gyatso J, Havnevik H. Women in Tibet: past and present. Columbia: Columbia University Press, 2005.

Kapadia K M. Marriage and family in India. Bombay: Oxford University Press, 1955.

Douglas M. Natural symbols: explorations in cosmology. S L.: Pantheon Books, 1970.

Wolf M.Women and the family in rural Taiwan. Stanford: Stanford University Press, 1972.

Evans M. Gender and social theory. Buickingham: Open University Press, 2003.

Herskovits M J. Man and his works: the science of cultural anthropology. New York: A. A. Knopf, 1949.

Zeitzen M K. Polygamy: a cross-cultural analysis. New York: Berg Publishers, 2008.

Levine N E. The dynamics of polyandry: kinship, domesticity and population on the Tibetan border. Chicago: University of Chicago Press, 1988.

Parish W L, Whyte M K. Village and family in contemporary China. Chicago: University of Chicago Press, 1978.

Parma Y S. Polyandry in the himalayans. Delhi: Vikas Publishing House, 1975.

Saksena R. Social economy of a polyandrous people. London: Asia Publishing House, 1962.

Linton R. The Study of man: an introduction. New York: Appleton-Century Crofts, 1936.

Jones R L, Jones S K. The himalayan women: a study of Limbu women in marriage and divorce. Palo Alto: Mayfield Publishing Company, 1976.

Ekvall R. Religious observances in Tibet: patterns and function. Chicago: University of Chicago Press, 1964.

Ekvall R. Fields on the hoof: nexus of Tibetan nomadic pastoralism. New York: Holt, Rinehart and Winston, 1968.

Rosaldo M Z, Lamphere L. Women, culture, and society. Stanford: Stanford University Press, 1974.

Perelberg R J, Miller A C. Gender and power in families. London: Routledge, 1990.

Schuler S R. The other side of polyandry: property, stratification, and nonmarriage in the Nepal Himalayas. Boulder: Westview Press, 1987.

Bell S C. The people in Tibet. Oxford: Clarendon Press, 1928.

Jacka T. Women's work in rural China: change and continuity in an era of reform. Cambridge: Cambridge University Press, 1997.

Greenstein T N. Methods of family research. Oaks: Sage Publications Inc, 2001.

二　論文

（一）中文論文

楊福泉：〈略論滇西北的民族關係〉，《雲南社會科學》，2000 年第 5 期

和即仁：〈試論納西族的自稱族名〉，《思想戰線》1980 年第 4 期

胡玉坤：〈社會性別、族群與差異：婦女研究的新取向〉，《中國學術》2004 年第 17 期

土　呷：〈昌都歷史文化的特點及其成因〉，《中國藏學》2006 年第 1 期

王大道：〈雲南青銅文化的五個類型及與班清、東山文化的關係〉，《雲南文物》1988 年第 24 期

高志英，徐俊：〈元明清「藏彝走廊」西端滇、藏、緬交界地帶民族關係發展研究〉，《甘肅社會科學》2008 年第 6 期

周智生：〈明代納西族移民與滇藏川毗連區的經濟開發——兼析納藏民族間的包容共生發展機理〉，《思想戰線》2011 年第 6 期

堅贊才旦：〈真曲河谷一妻多夫家庭組織探微〉，《西藏研究》2001 年第 3 期

張建世、土呷：〈珠多村藏族農民家庭調查〉，《西藏大學學報》2006 年第 2 期

龔佩華：〈獨龍族的婚姻、姓名和曆法〉，《民族文化》1980 年第 2 期

張天路、張梅：〈中國藏族人口的發展變化〉，《中國藏學》1988 年第 2 期

星全成：〈藏族繼承制度的內涵及特徵試析〉，《西藏研究》1997 年第 2 期

劉龍初：〈俄亞納西族安達婚姻及其與永寧阿注婚的比較〉，《民族研究》1996 年第 1 期

趙留芳：〈道孚縣淺影〉，《康導月刊》1938

李安宅：〈西康德格之歷史與人口〉，《邊政公論》1941 年第 2 期

翁乃群：〈女源男流：從象徵意義論川滇邊境納日文化中社會性別的
　　　　結構體系〉，《民族研究》1996 年第 4 期

趙心愚：〈和碩特部南征康區及其對川滇邊藏區的影響〉，《雲南民族
　　　　學院學報：哲學社會科學版》2002 年第 3 期

劉彥、張禹：〈雲南藏區民主改革口述史之個案調查〉，《思想戰線》
　　　　2010 年第 S2 期

宋恩常：〈試談獨龍族私有財產的產生〉，《思想戰線》1977 年第 3 期

吳　傑：〈淺析藏族民居帳篷裏的空間結構與信仰〉，《青海師範大學
　　　　民族師範學院學報》2011 年第 1 期

胡昂、黃琬雯：〈傳統藏族民居的空間結構之分析與探究〉，《建築與
　　　　文化》2010 年第 11 期

堅贊才旦：〈真曲河谷親屬稱謂制探微〉，《西藏研究》2001 年第 3 期

瞿明安：〈跨文化視野中的聘禮──關於中國少數民族婚姻聘禮的比
　　　　較研究〉，《民族研究》2003 年第 6 期

王端玉：〈喇嘛教與藏族人口〉，《民族研究》1982 年第 2 期

嚴德一：〈察隅邊防述略〉，《邊疆通訊》1947 年第 5 期

李式金：〈雲南阿墩子──一個漢藏貿易要地〉，《東方雜誌》1944 年
　　　　第 16 期

吳文暉：〈朱鑒華・西康人口問題〉，《邊政公論》1944 年第 2 期

陳文瀚：〈昌都剪影〉，《康導月刊》1940 年第 11 期

絨巴紮西：〈雲南藏區農戶經濟行為分析〉，《雲南社會科學》1996 年
　　　　第 1 期

王文長：〈對藏東藏族家庭婚姻結構的經濟分析〉，《西藏研究》2000
　　　　年第 2 期

陶占琦：〈西藏鹽井納西族的發展現狀及其宗教信仰〉，《西藏研究》
　　　1999 年第 2 期

金　飛：〈鹽井縣考〉，《邊政》1931 年第 8 期

莊孔韶：〈父系家族公社結構的演化進程概說〉，《中央民族大學學
　　　報：哲學社會科學版》1982 年第 4 期

葉世富，記錄整理：〈婚禮歌〉，《華夏地理》1991 年第 1 期

散人：〈甘南生殖崇拜點滴〉，《西藏藝術研究》1999 年第 1 期

馬達學：〈青海民俗與巫儺文化考釋〉，《青海民族研究》1999 年第 1 期

余英：〈德欽縣農村 2000-2003 年孕產婦死亡檢測情況報告〉，《中國
　　　實用鄉村醫生雜誌》2004 年第 11 期

楊書章：〈西藏婦女的生育水準與生育模式〉，《中國藏學》1993 年第
　　　1 期

謝成範：〈西藏的醫療衛生事業和高原病研究的成就〉，《中國藏學》
　　　1991 年第 2 期

方　鐵：〈南方古代少數民族婚育習俗面面觀〉，《民族藝術研究》
　　　1999 年第 1 期

穆赤・雲登嘉措：〈藏傳佛教信眾宗教經濟負擔的歷史與現狀〉，《西
　　　藏研究》2002 年第 1 期

沈醒獅：〈獨龍族紋面習俗現狀調查〉，《安徽師範大學學報：人文社
　　　會科學版》2005 年第 2 期

林繼富：〈人生轉折的臨界點──母題數字「十三」與藏族成年禮〉，
　　　《青海民族研究》2004 年第 1 期

洲塔、王雲：〈從婚俗文化看社會轉型過程中藏族生育文化的變
　　　遷──以青海卓倉藏族為例〉，《蘭州大學學報：社會科學
　　　版》2010 年第 2 期

金少萍：〈雲南少數民族女子成年禮探微〉，《思想戰線》1999 年第 2 期

石　碩：〈《格薩爾》與康巴文化精神〉，《西藏研究》2004 年第 4 期

周潤年：〈藏傳佛教五大教派寺院教育綜述〉，《西藏大學學報》2007
　　　　年第 3 期

趙心愚：〈略論麗江木氏土司與噶瑪噶舉派的關係〉，《思想戰線》
　　　　2001 年第 6 期

措　姆：〈略論黃教對藏族地區生產及人口的影響〉，《西藏研究》
　　　　1986 年第 4 期

郎維偉、張樸、尚云川：〈四川甘孜州藏傳佛教尼姑現狀淺析〉，《西
　　　　藏研究》2002 年第 2 期

房建昌：〈藏傳佛教女尼考〉，《中央民族學院學報》1988 年第 4 期

王銘銘：〈教育空間的現代性與民間觀念〉，《社會學研究》1999 年第
　　　　6 期

李　鋼：〈「女千總內附」壁畫的發現與初步研究〉，《中國藏學》2012
　　　　年第 2 期

陸俊元：〈論地緣政治的本質〉，《國際關係學院學報》2006 年第 4 期

陳昭星：〈天主教、基督教在我國西南民族地區傳播的原因〉，《民族
　　　　研究》1992 年第 4 期

走出香格里拉——訪藏族女高音歌唱家宗庸卓瑪〉，《雲嶺歌聲》2000
　　　　年第 1 期

蔡維琰：〈社會文化變遷中怒族女性的人格主體〉，《思想戰線》2000
　　　　年第 4 期

高雅楠：〈女性學視野下的雲南貢山族際通婚圈的成因分析〉，《紅河
　　　　學院學報》2009 年第 1 期

李　勤：〈少數民族婦女外流對當地社會的影響——以雲南貢山縣為
　　　　例〉，《雲南民族大學學報：哲學社會科學版》2005 年第 4 期

楊築慧：〈西南少數民族婦女外流與傳統社會文化〉，《中央民族大學
　　　　學報：哲學社會科學版》2006 年第 2 期

王金玲：〈非農化與農村婦女家庭地位變遷的性別考察——以浙江省為例〉，《浙江社會科學》1997 年第 2 期

嘎・達哇才仁：〈藏族人名文化〉，《西藏大學學報》1996 年第 2 期

袁　芳：〈從社會性別看怒族的村寨教育〉，《河南教育學院學報：哲學社會科學版》2003 年第 1 期

何　林：〈多元宗教背景下的少數民族婚姻——以雲南貢山怒族為例〉，《雲南民族大學學報：哲學社會科學版》2009 年第 6 期

楊偉兵：〈森林生態學視野中的刀耕火種——兼論刀耕火種的分類體系〉，《農業考古》2001 年第 1 期

林　木：〈獨龍族教育簡況〉，《民族教育研究》1991 年第 2 期

奔廈・澤米：〈獨龍族基礎教育需跨越式發展〉，《雲南師範大學學報：哲學社會科學版》2004 年第 5 期

和建春：〈香格里拉縣東旺鄉藏族婚俗初探〉，《香格里拉史志通訊》2008 年第 2 期

趙銀棠：〈舊社會的麗江納西族婦女〉，《玉龍山》1985 年第 4 期

〔美〕戈爾斯坦、辛西亞・M.比爾著，海淼譯：〈中國在西藏自治區實行的節育政策——神話與現實〉，《世界民族》1993 年第 3 期

〔法〕古純仁著，李哲生譯：〈川滇之藏邊〉，《康藏研究月刊》1948 年第 15 期

〔法〕古純仁著，李哲生譯：〈旅行金沙江〉，《康藏研究月刊》1948 年第 22 期

〔美〕戈爾斯坦著，堅贊才旦譯・：〈利米半農半牧的藏語族群對喜馬拉雅山區的適應策略〉，《西藏研究》2002 年第 3 期

〔美〕Melvyn・C.戈爾斯坦著，何國強譯：〈巴哈裏與西藏的一妻多夫制度新探〉，《西藏研究》2003 年第 2 期

〔美〕梅爾文・C. 戈德斯坦著，黨措摘譯：〈當兄弟們共用一個妻子時〉，《世界民族》2005 年第 2 期

〔美〕南茜・列維妮著，格勒、趙湘寧、胡鴻保譯：〈「骨係」與親屬、繼嗣、身份和地位〉，《中國藏學》1991 年第 1 期

〔美〕邁克爾・G. 佩勒茲著，王天玉、周雲水譯：〈20 世紀晚期人類學的親屬研究〉，《廣西民族大學學報：哲學社會科學版》2010 年第 1 期

（二）外文論文

Aiyappan A.Fraternal polyandry in Malabar.Man in India, 1935, 15(283):108-283.

Hillman B, Henfry L A. Macho minority: masculinity and ethnicity on the edge of Tibet. Mordern China, 2006, 32(2):251-272.

Berreman G D. Pahari polyandry: a comparison. American Anthropologist, 1962, 64(1):60-75.

Berreman. G. D. Himalayan polyandry and the domestic cycle. American Ethnologist, 1975(2):127-138.

Bradley K, Khor D. Toward an integration of theory and research on the status of women. Gender and Society, 1993, 7 (3).

Mukhopadhyay C C, Higgins P J. Anthropological studies of women's status revisited: 1977-1987. Annual Review of Anthropology, 1988 (17):461-495.

Cassidy M L, Lee G R. The study of polyandry: a critique and synthesis. Journal of Comparative Family Studies, 1989, 20(1):1-11.

Makley C E. Gendered boundaries in motion: space and identity on the

Sion-Tibetan frontier. American Ethnologist, 2003, 30(4):597-619.

Majumda D N. Family and marriage in polyandrous society. The Eastern Anthropologist, 1955(8):85-110.

Gwako L M, Edwins. Polygyny among the logoli of western kenya. Anthropos, 1998, 93(4-6):331-348.

Leach E R. Polyandry, inheritance and the definition of marriage: With particular reference to sinhalese customary law. Man, 1955, 55(199):182-186.

Garber C. Marriage and sex customs of the western eskimos. The Scientific Monthly, 1935, 41(3):215-227.

Steward J H.Shoshoni polyandry. Amerian Anthropologist, New Series, 1936, 38(4):561-564.

Peters J F, Hunt C L. Polyandry among the yanomama shirishana. Journal of Comparative Family Studies, 1975, 6 (2):197-208.

Brown J K. A cross cultural study of female initiation rites. American Anthropologist, 1963, 65,(4):837-853.

Gough K E. Is the family universal? The nayar case.Journal of the Royal Anthropological Institute, 1959(89):23-34.

Dalsimer M, Nisonoff L. The implications of the new agricultural and one-child family policies for rural Chinese women. Feminist Studies, 1987, 13(3):583-607.

Hermanns M. The status of woman in Tibet. Anthropological Auarterly, 1953:67-78.

Goldstein M C. Stratification, polyandry, and family structure in central Tibet. Southwestern Journal of Anthropology, 1971, 27(1):64-74.

Goldstein M C. Fraternal polyandry and fertility in the himalayas of N. W. Nepal. The Tibet Society Bulletin, 1977, 11(10):12-19.

Levine N, Sangree W. Conclusion: Asian and African systems of polyandry. Journal of Comparative Family Studies, 1980, 11(3):385-410.

Levine N E, Silk J B. Why polyandry fails: sources of instability in polyandrous marriages. Current Anthropology, 1997, 38(3):375-398.

Quinn N. Anthropological studies on women's status.Annual Review Anthropology, 1977 (6):181-225.

Peter P, H R H. The polyandry of ceylon and South India. Man in India, 1951(11):167-175.

Peter P. The polyandry of Tibet, actes du IV congres international des sciences anthropolgiques et- ethnologiques. Vienne, 1952(2):176.

（三）學位論文

高微茗：《上帝在藏族村莊中》（廣州市：中山大學，2009 年）

郭　淨：《卡瓦格博瀾滄江峽谷的藏族》（昆明市：雲南大學，2001 年）

李長虹：《我國民族的「入贅婚」初探》（廣州市：中山大學，1988 年）

李　錦：《家屋與嘉絨藏族社會結構》（廣州市：中山大學，2010 年）

卻　落：《安多藏族文化中的女性地位研究》（北京市：中央民族大學，2005 年）

吳曉蓉：《儀式中的教育——摩梭人成年禮的教育人類學分析》（重慶市：西南師範大學，2003 年）

西繞雲貞：《迪慶藏族百年社會發展簡論》（昆明市：雲南大學，2003 年）

朱文惠：《佛教寺院與高地農牧村落共生關係研究：以雲南省迪慶藏族自治州來遠寺為例》（新竹市：臺灣清華大學，2000 年）

鄒中正：《漢族與藏族親屬稱謂的比較研究》（成都市：四川大學，2003 年）

Ben Jiao. Socio-economic and cultural factors underlying the contemporary revival of fraternal polyandry in Tibet.Cleve Land: Case Western Reserve University, 2001.

後記

　　本書的寫作離不開導師何國強教授的指導與建議，部分章節在我的博士論文基礎上修改而成。回首過往之路，可以說，本書的寫作是在不斷摸索與堅持中持續下來的。現在，面對即將付梓的書稿，我想向先後以各種形式為此書提供關照與支持的人表示謝意，但限於篇幅，我僅能在此列出其中一部分人的姓名，對未能列出姓名者深表歉意。

　　首先要感謝的是我的導師何國強教授。他慷慨接納了跨學科報考的我，這對於我今後的人生和學術之路是一次重大的轉折。在 3 年的學習與研究過程中，導師以客觀嚴謹的治學態度和一絲不苟的工作作風身先垂範。無論是學習還是生活中，假如沒有導師諄諄不倦的教誨和持續不斷的支持與鼓勵，我不可能在如此有限的時間內踏上正確的學習軌道，也無法在艱辛與危險的田野調查中堅持下來，完成論文和學業。

　　我要感謝中山大學人類學系的周大鳴教授、麻國慶教授、鄧啟耀教授、張應強教授、程瑜副教授以及暨南大學的馬建春教授在論文的開題、預答辯以及其它場合對論文所提出的寶貴建議，劉昭瑞教授、王建新教授和上述老師們用他們廣博的知識和嚴謹的學風引導我一步步進入人類學的殿堂，並為我今後的學習、工作與人生之路樹立了典範。

　　迪慶州民族中等專業學校的李學東副校長一家如同我在迪慶的家人，曾多次幫助我解決調查中的困難。德欽縣的次仁永追老師始終是

我忠誠的合作夥伴，在我多次前往德欽調查的過程中，她不僅積極地為我聯絡村裏的訪問人，還熱心地幫忙安排食宿，並充當我工作中的翻譯，同時她也是我寂寞時良好的陪伴者。她爽朗的性格、誠懇的為人和謙虛的態度，留給我美好的記憶，也成為我與當地人之間無法割斷的一條紐帶。

德欽縣政府辦的格桑嘉措、縣旅遊局紮西吾堆局長和縣婦聯西勞卓瑪副主席，以及奔子欄鎮的次里拉姆、益西卓瑪、阿布只瑪和熱心的村民阿追大姐，他們都曾經為我在德欽縣的調查提供過無私的幫助。

雲南師範大學校長助理李宏老師、校長辦公室主任吳雁江老師和雲南華文學院的武友德院長在本書的調查研究和撰寫過程中不斷關心、鼓勵和幫助著我，使書稿得以順利完成；李興仁教授則不斷地關心我的學習和成長，並為田野調查工作提供便利；教育科學與管理學院 2008 級碩士生查小豔同學曾在田野調查中兩次與我同行，為調查提供協助並貢獻心力。雲南省教育科學研究院的陶天麟研究員曾在本書的研究階段多次慷慨相助，並對書稿提出過中肯的意見和建議，使我獲益頗豐。

我還要感謝在工作和學習中不斷幫助和鼓勵我的駱小所教授、鄒平教授、楊林教授、黃海濤教授、李勁松教授和雲南大學出版社的蔡紅華老師，以及旅居迪慶藏族聚居區的羅敏怡夫婦。對藏族文化的共同愛好奠定了我和羅敏怡之間深厚的友情，她的無私關照緩解著我旅途中的艱辛，她對藏文化的執著也鼓勵著我在研究之路上不斷前行。

中山大學出版社的嵇春霞老師是本書的責任編輯，沒有她的辛勤工作，本書很難順利面世。在此對她表示深深的謝意。

我還需要感謝的是所有接受我訪問的藏族婦女，感謝她們的慷慨與無私，並願意將她們鮮為人知的私人生活與隱秘的個人情感向我傾

　　訴，但我必須遵守保護隱私的約定，無法在此一一提及她們的真實姓名。

　　最難用言語表達的是我對家人的感激之情，無論是在精神上還是在經濟上，假如沒有他們一如既往默默的支持和鼓勵，相信我不會在求學之路上走到今天。在我多年遠離家庭的求學經歷中，他們所承受的痛苦與壓力並不比我少，但他們始終用寬容與樂觀的態度慰藉著我矛盾與內疚的心，並不斷鼓勵我堅持理想、努力前行。

　　本書付梓之際，距離我初次進入迪慶藏族聚居區正好過去了整整10年。此時的終點，就是彼時的起點。書稿的寫作雖然暫時畫上了句號，但我的學術之路才剛剛開始。每當回憶起聳立在崇山峻嶺中聖潔的雪山、迎風飄揚的風馬經幡、美麗勤勞的藏族婦女，以及莊嚴的佛堂廟宇時，那種感覺，不僅是一種美的感官享受，更是一種超然的精神體會。對人類學的愛好、學習與追求，不僅訓練了我的專業技能，同時也提高了我的自身修養。我經歷了學習的艱難與痛苦，同時也從中體會到了價值與樂趣，學習與研究工作在孔子所說的「悅己、樂人與修身」的過程中不斷地迴圈前進。

　　在多次前往迪慶的行程中，我曾經兩次幸運地拜謁過神聖的卡瓦格博主峰，活佛和當地的村民都說我是一個心地善良的人，同時也告訴我神山總是願意賜福於那些信念堅定和心存感恩的人。回想起自己在多次有驚無險的意外中能夠安然無恙，我從心底感激上天對我的眷顧，也感激生命中遇到的每一位幫助過我的人！

王天玉2013年3月20日於春城昆明寓所

芄野東南民族叢書　A0202005

婦女何在？三江併流諸峽谷區的性別政治　下冊

作　　　者　王天玉
主　　　編　何國強
責任編輯　蔡雅如

發　行　人　陳滿銘
總　經　理　梁錦興
總　編　輯　陳滿銘
副總編輯　張晏瑞
編　輯　所　萬卷樓圖書股份有限公司
排　　　版　林曉敏
印　　　刷　百通科技股份有限公司
封面設計　曾詠霓

出　　　版　昌明文化有限公司
桃園市龜山區中原街 32 號
電話 (02)23216565
發　　　行　萬卷樓圖書股份有限公司
臺北市羅斯福路二段 41 號 6 樓之 3
電話 (02)23216565
傳真 (02)23218698
電郵 SERVICE@WANJUAN.COM.TW
大陸經銷
廈門外圖臺灣書店有限公司
　　電郵 JKB188@188.COM

ISBN 978-986-94616-8-9
2018 年 8 月初版二刷
2017 年 4 月初版
定價：新臺幣 320 元

如何購買本書：

1. 劃撥購書，請透過以下郵政劃撥帳號：
　　帳號：15624015
　　戶名：萬卷樓圖書股份有限公司
2. 轉帳購書，請透過以下帳戶
　　合作金庫銀行　古亭分行
　　戶名：萬卷樓圖書股份有限公司
　　帳號：0877717092596
3. 網路購書，請透過萬卷樓網站
　　網址　WWW.WANJUAN.COM.TW

大量購書，請直接聯繫我們，將有專人為您
服務。客服：(02)23216565 分機 10

如有缺頁、破損或裝訂錯誤，請寄回更換

國家圖書館出版品預行編目資料

婦女何在?三江併流諸峽谷區的性別政治 /
王天玉著. -- 初版. -- 桃園市：昌明文化出
版；臺北市：萬卷樓發行, 2017.04
　　冊；　　公分. -- (芄野東南民族叢書；
A0202005)
ISBN 978-986-94616-8-9(下冊：平裝)
1.少數民族 2.民族研究
535.408　　　　　　　　　　106004141